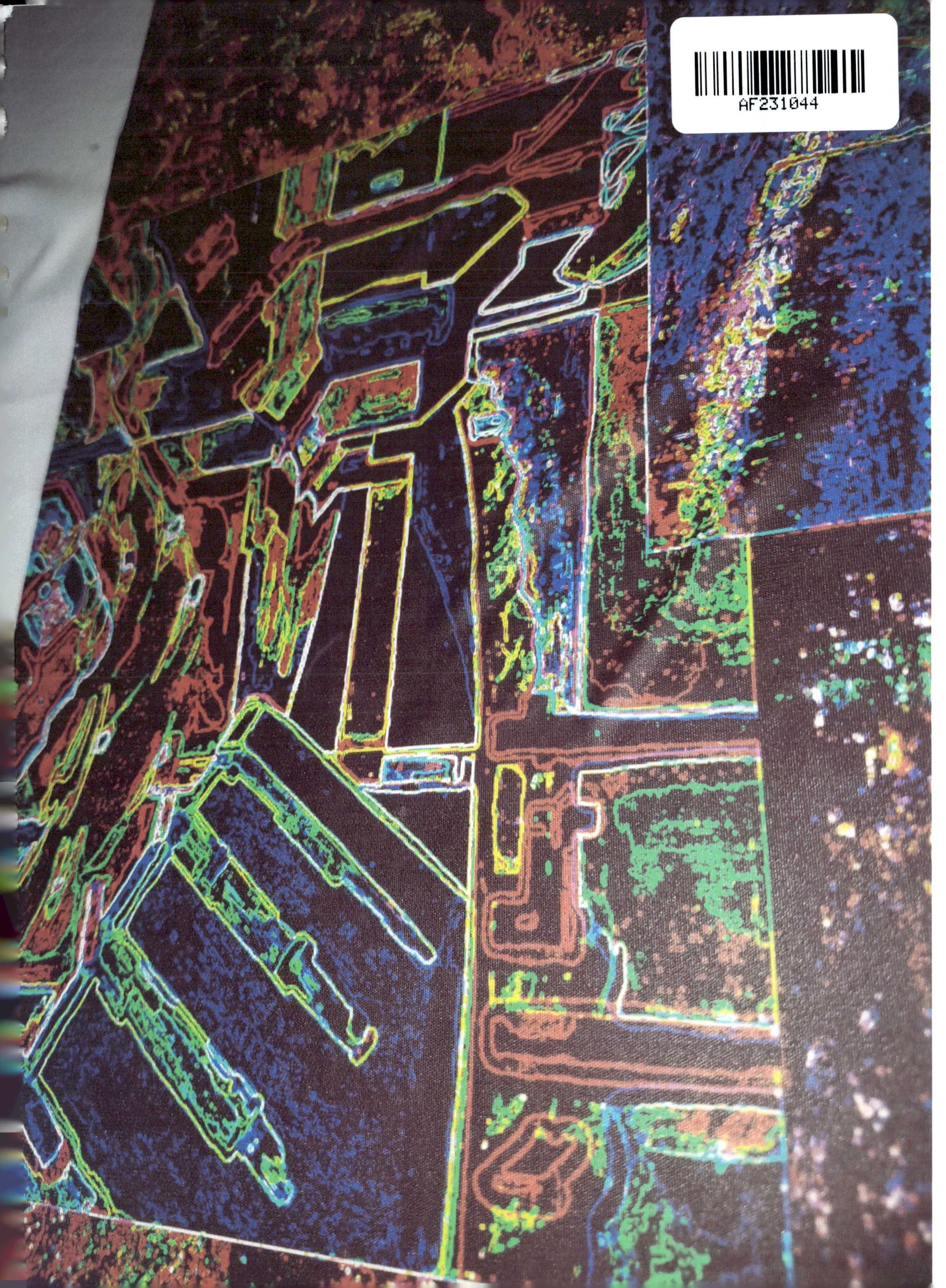
AF231044

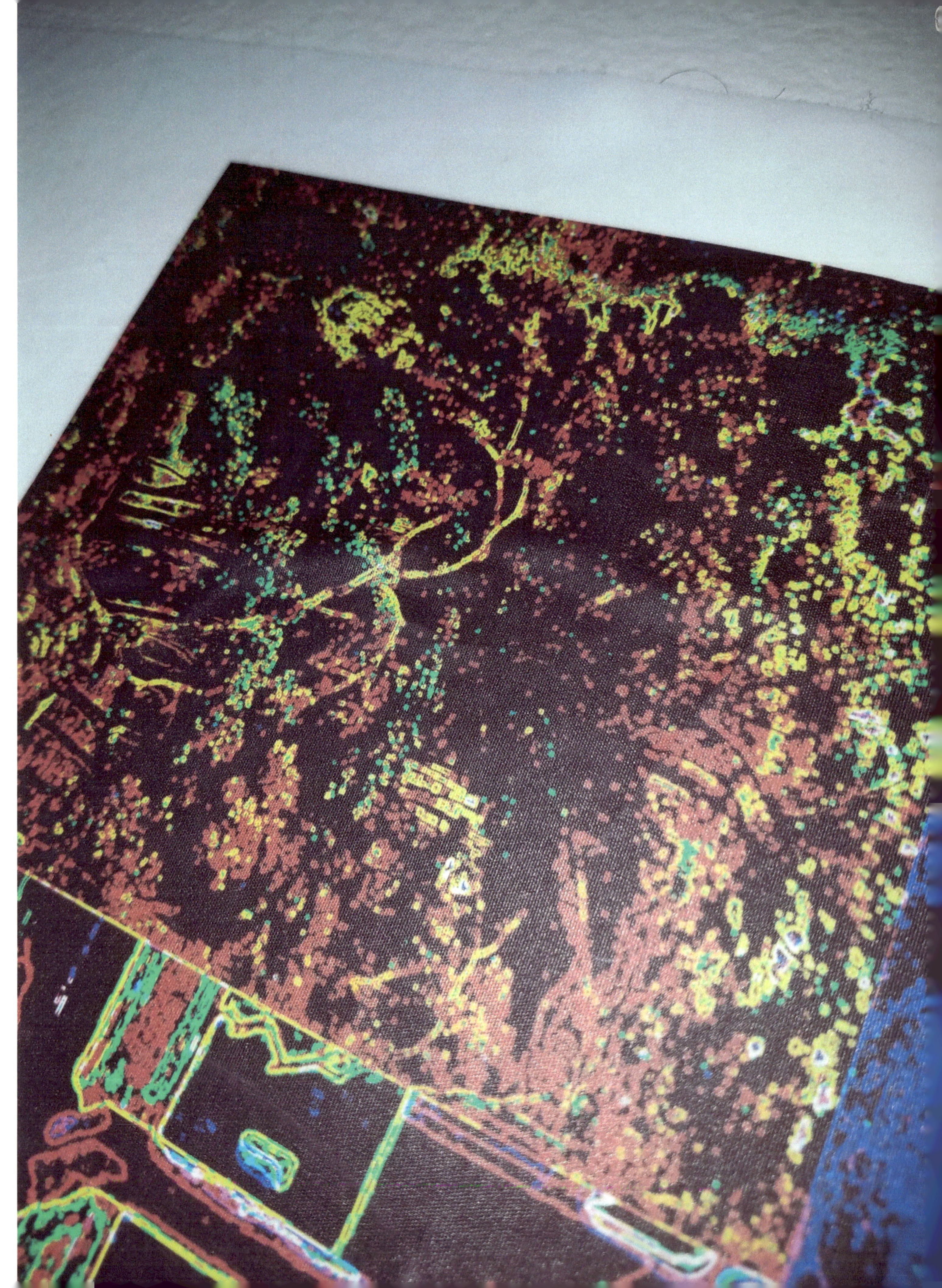

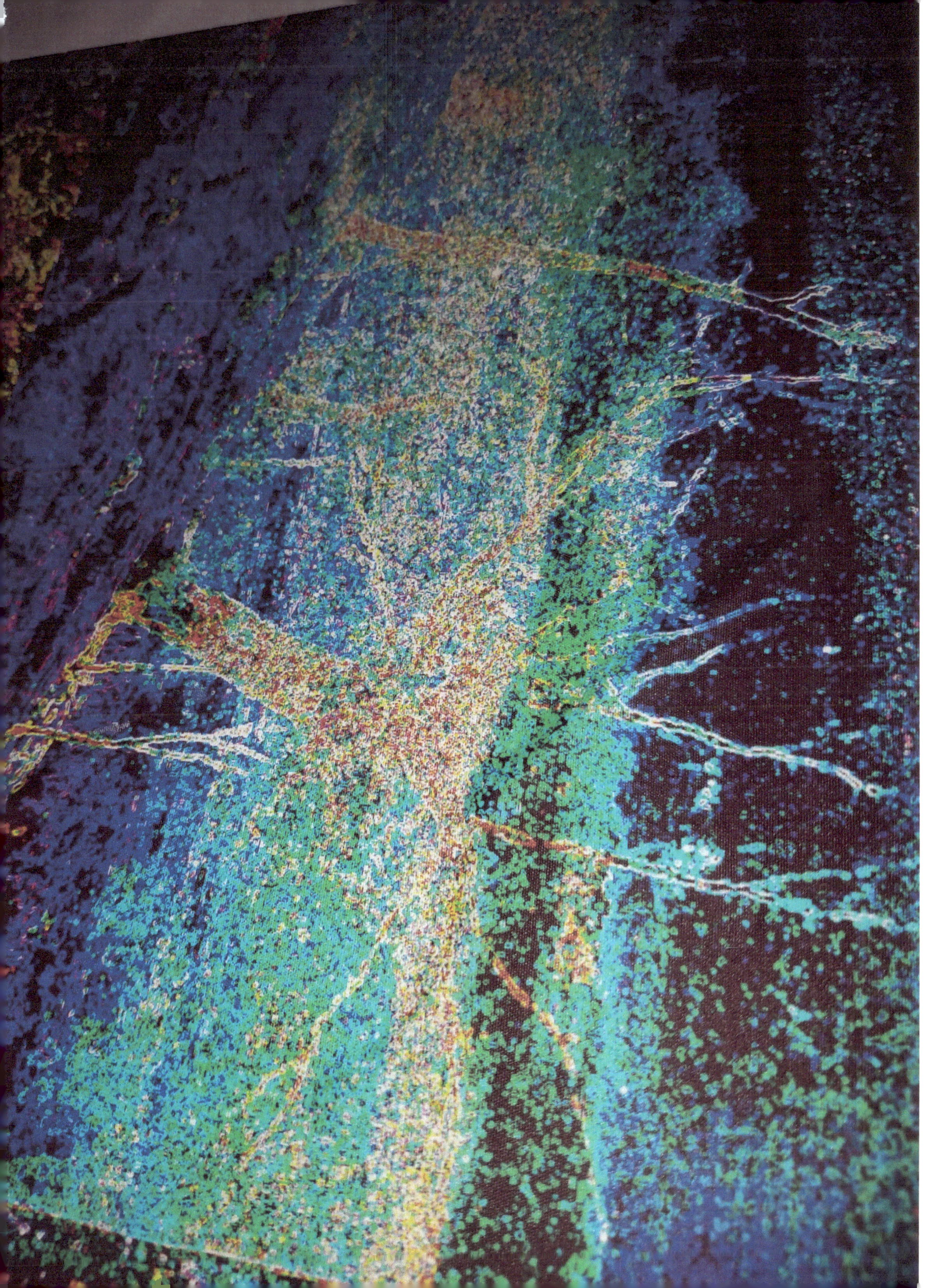

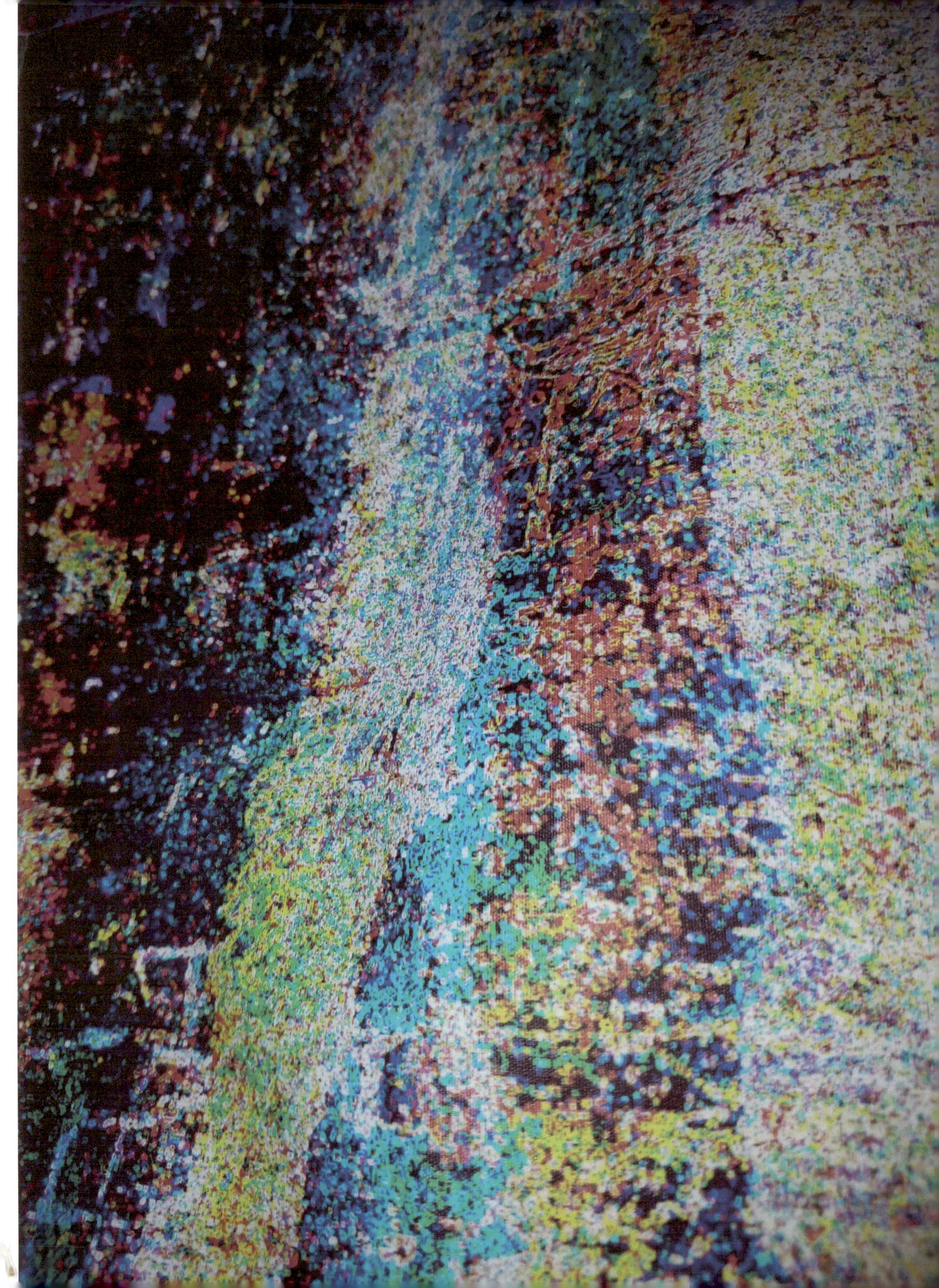

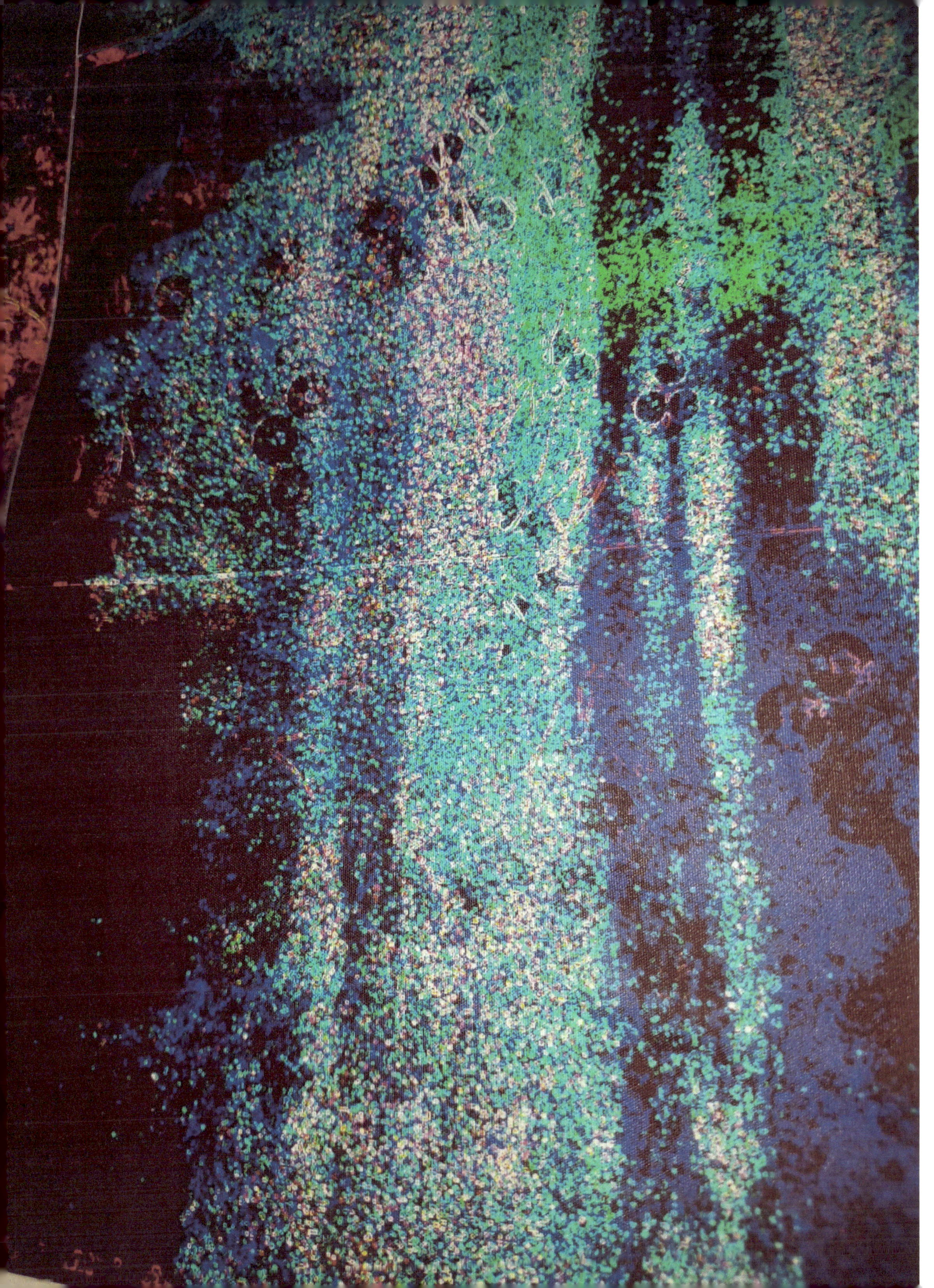

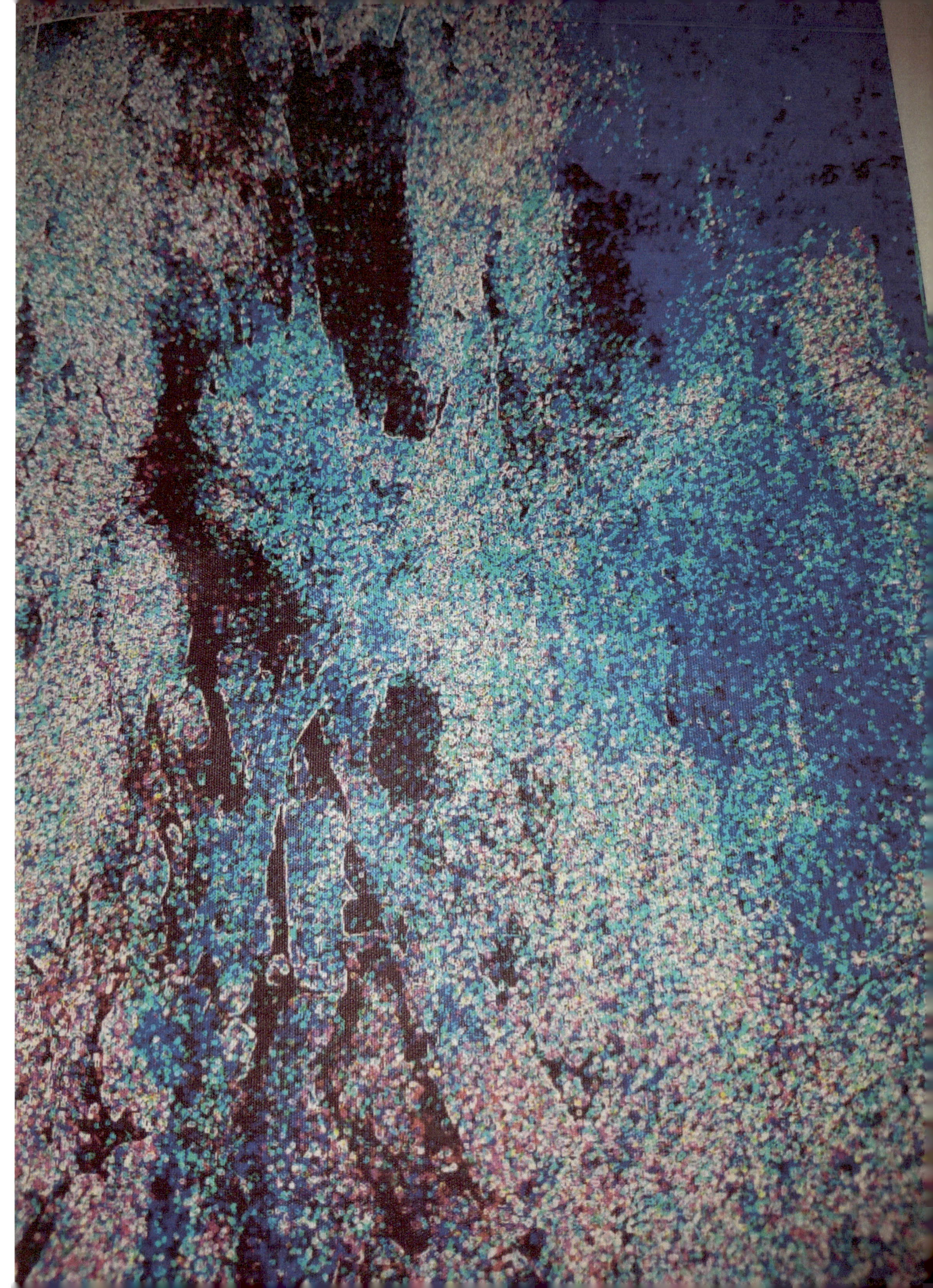

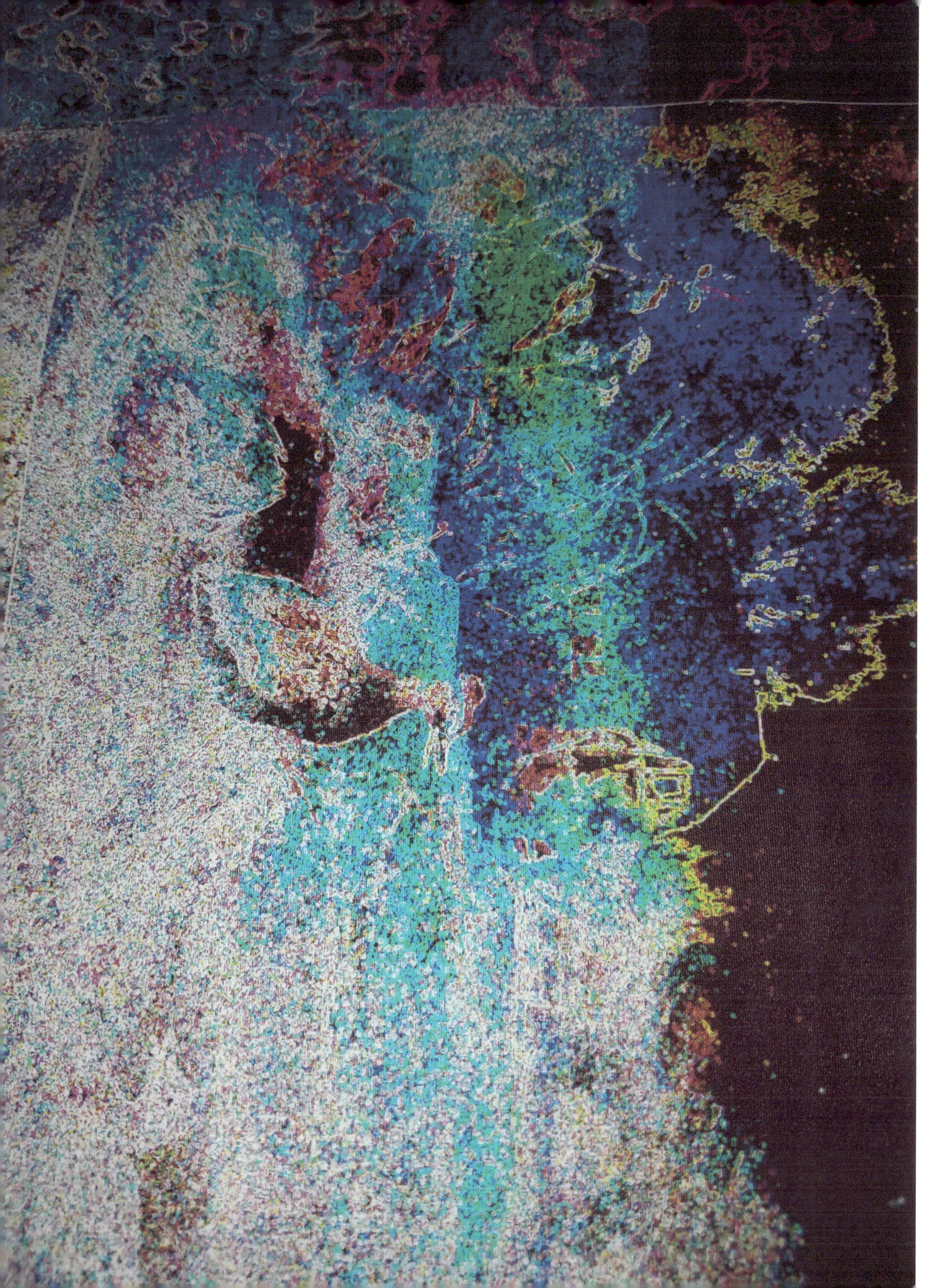

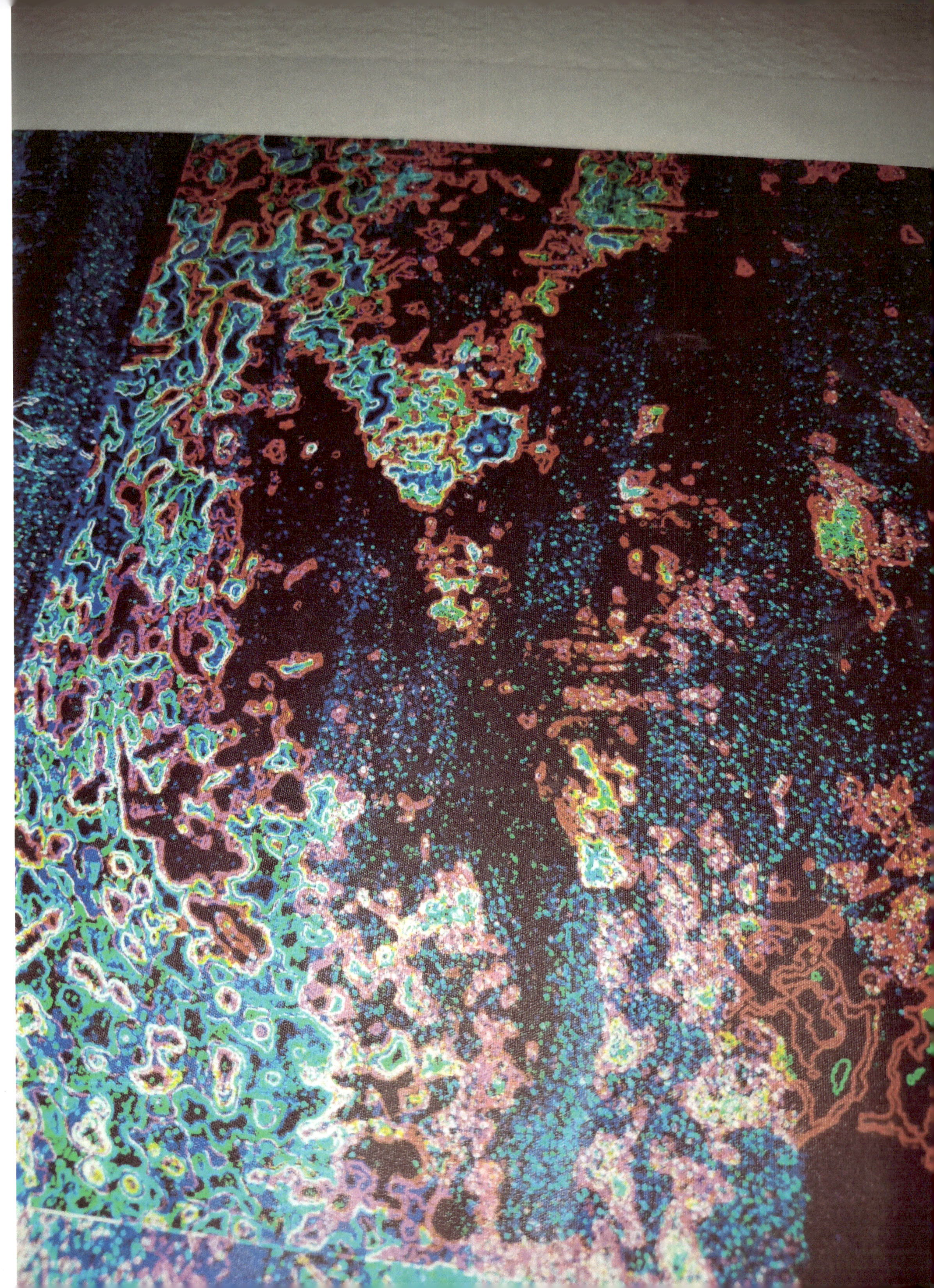

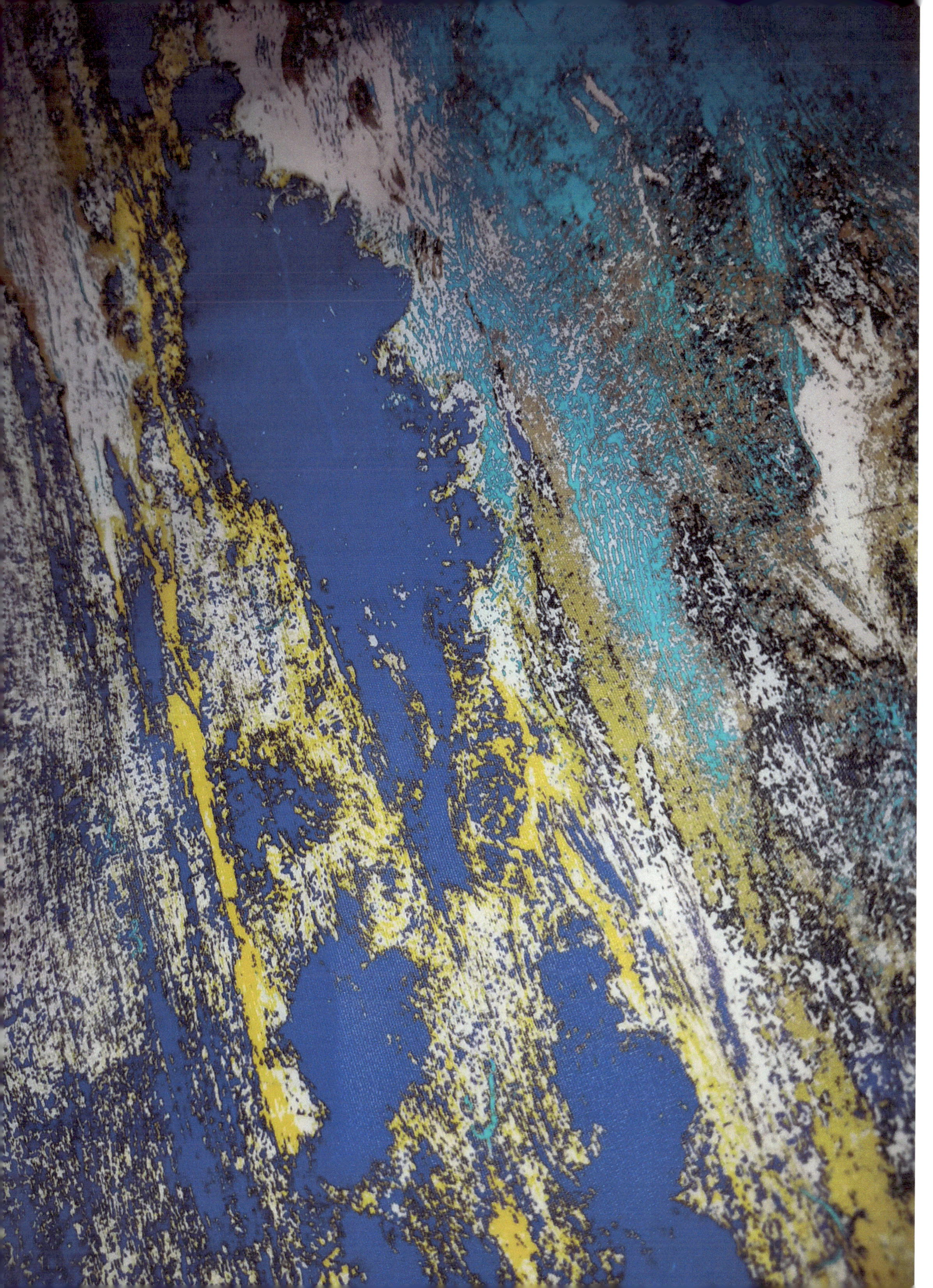

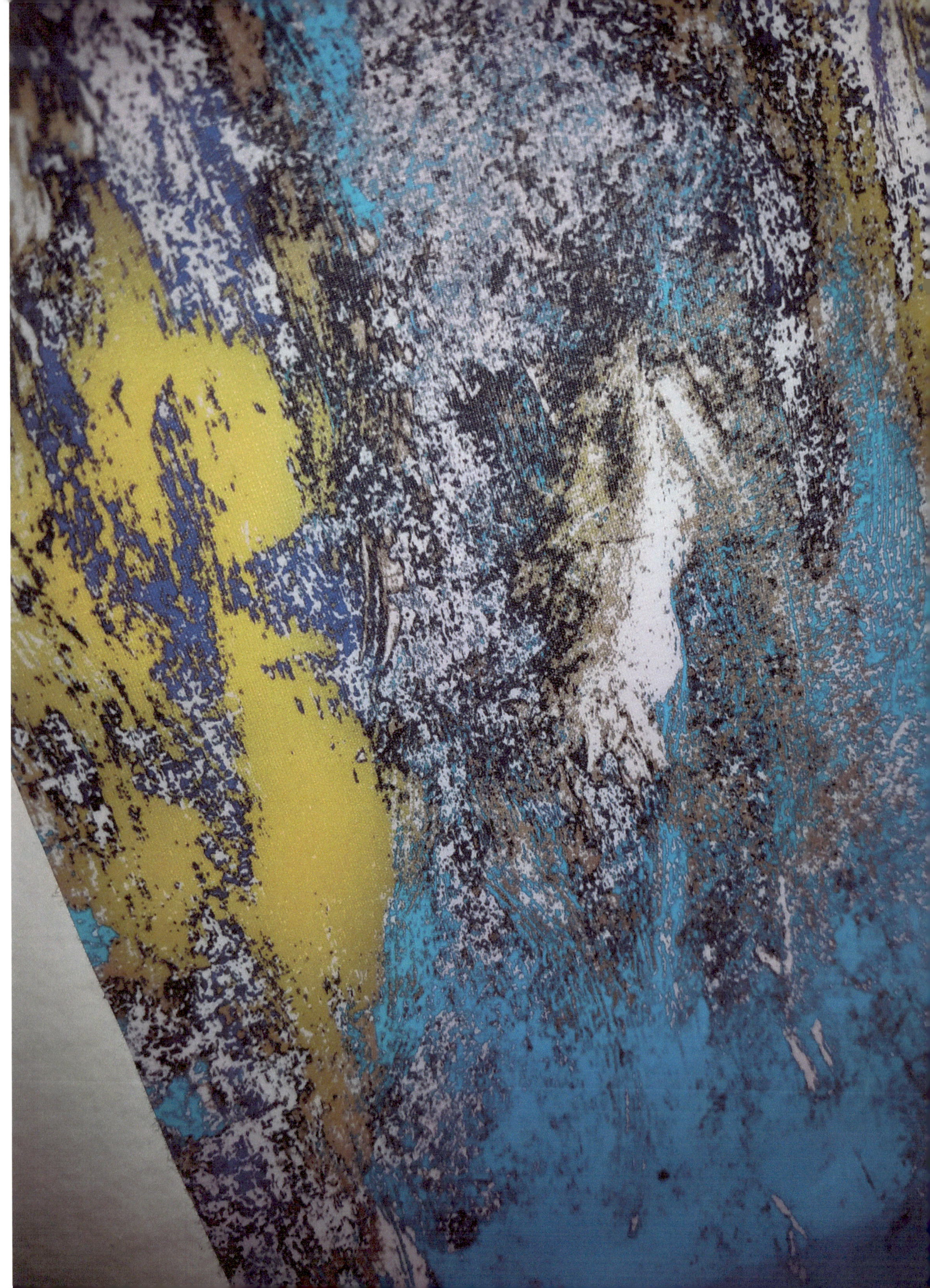

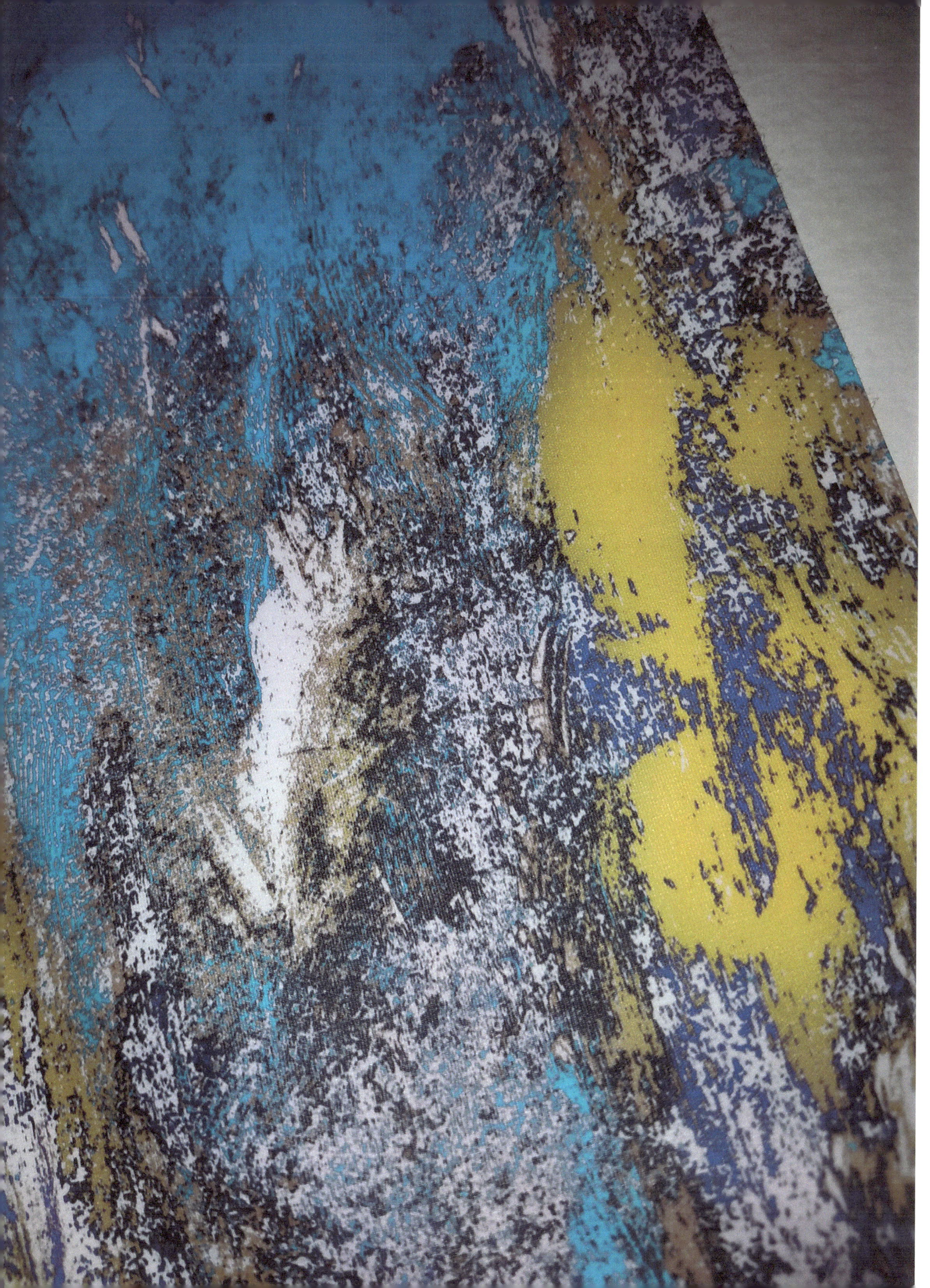

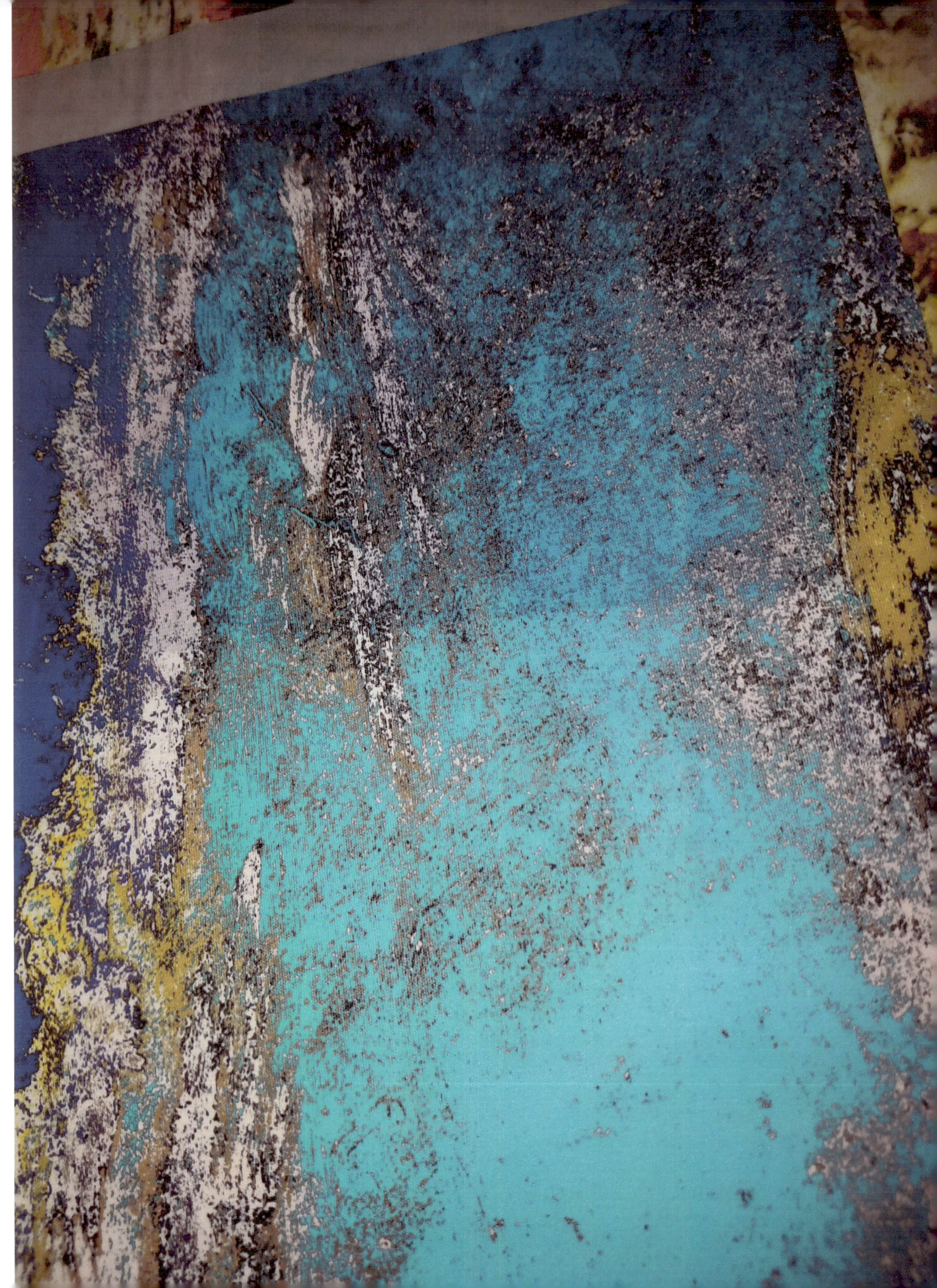

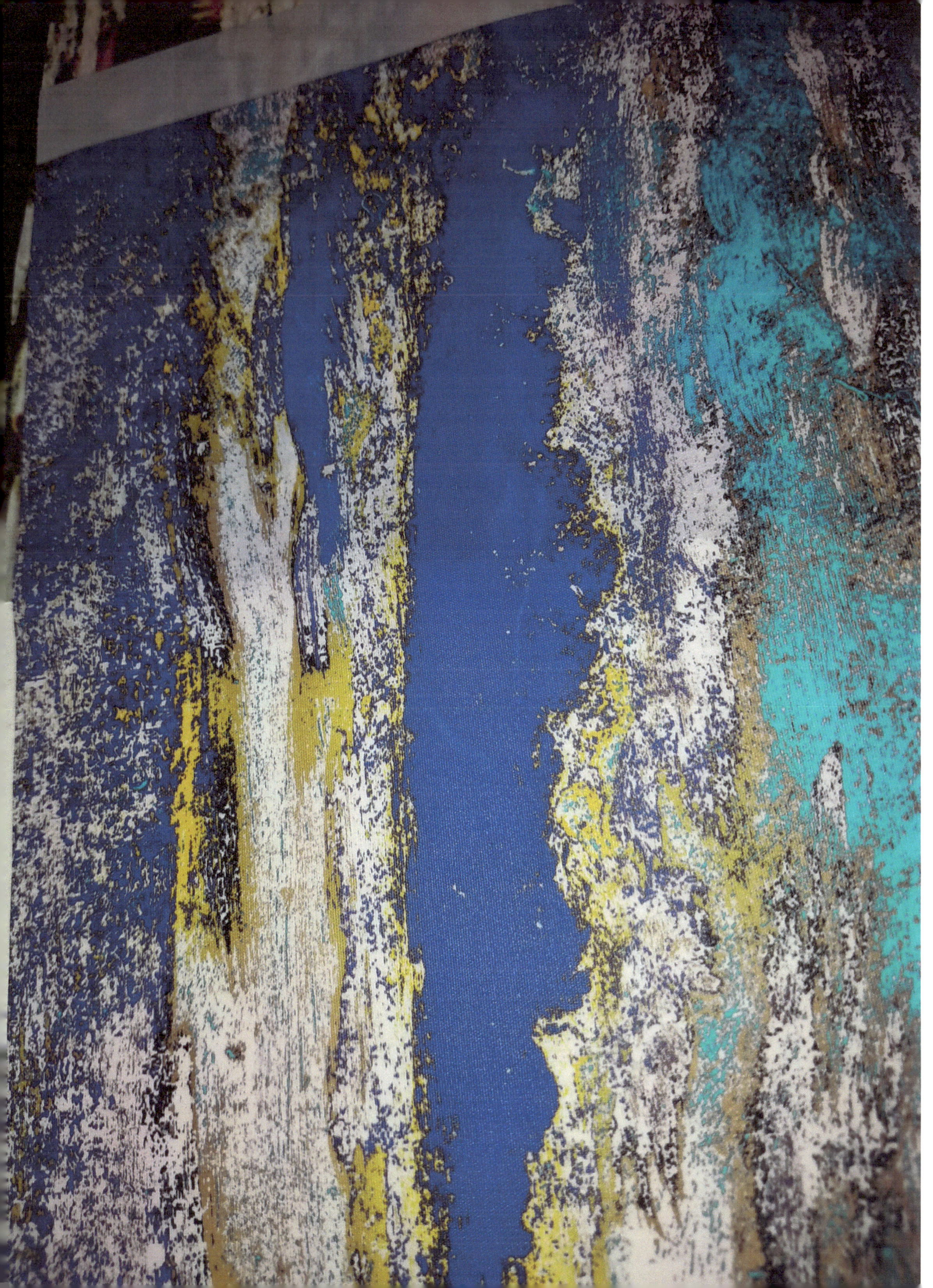

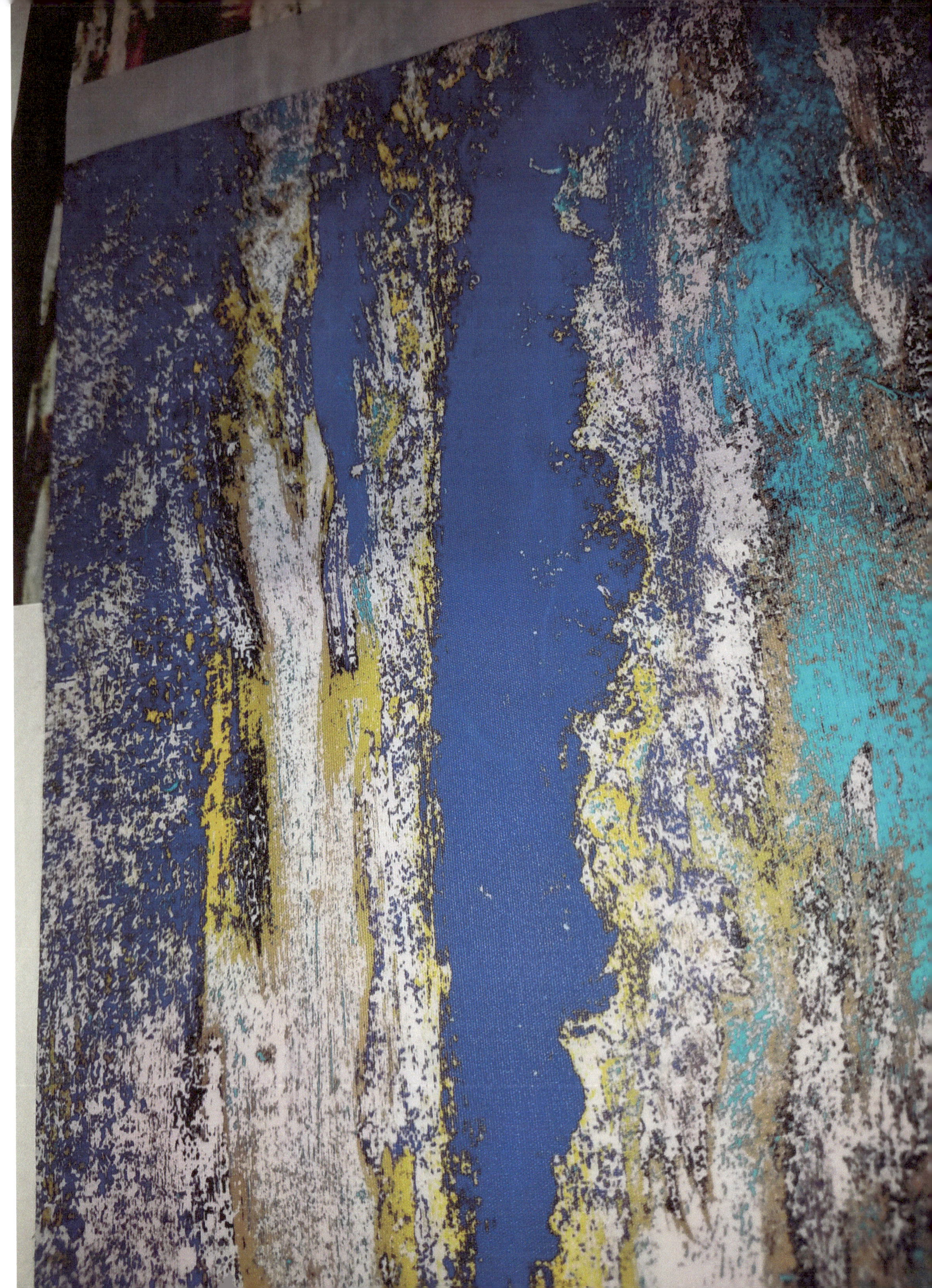

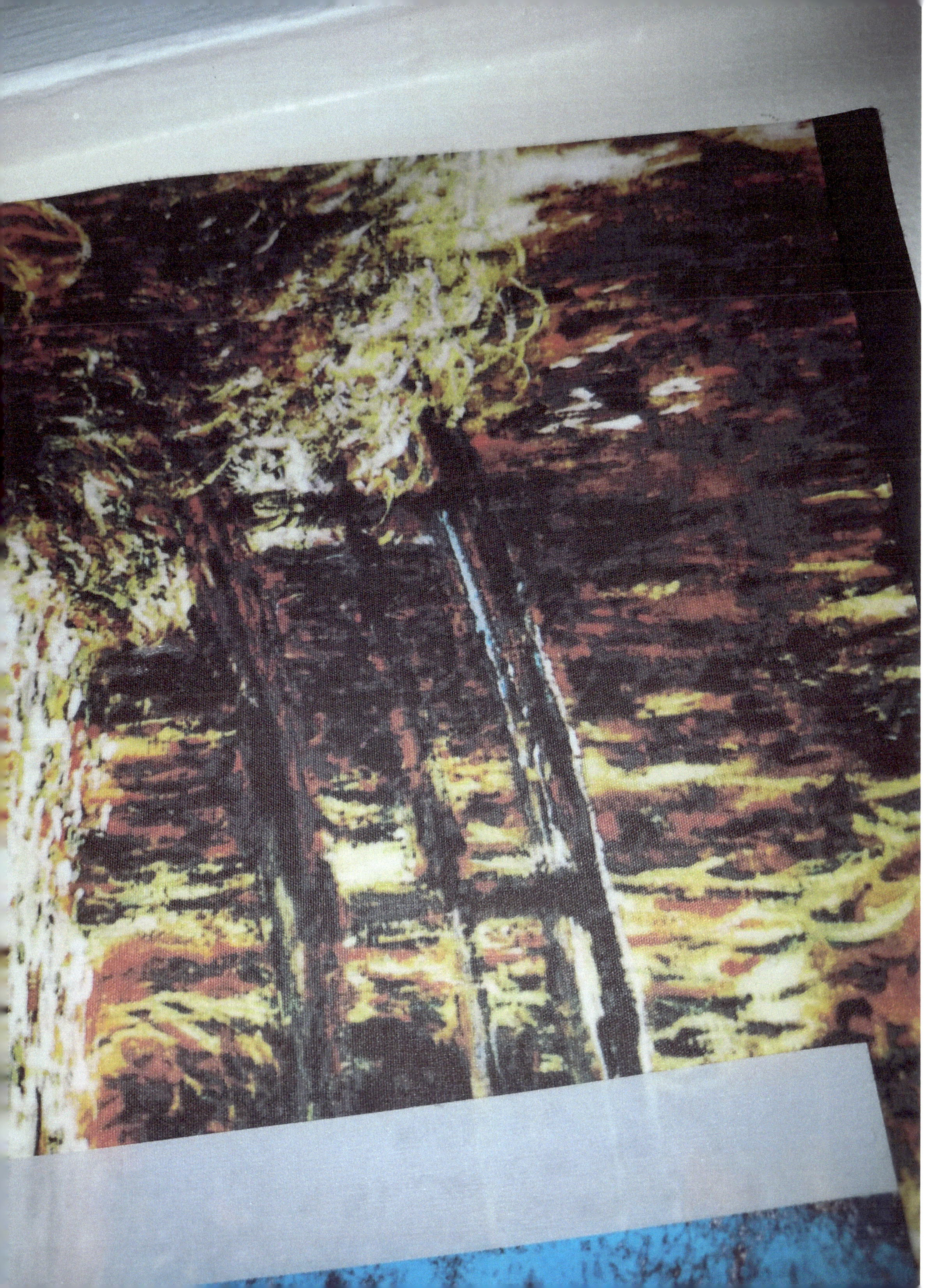

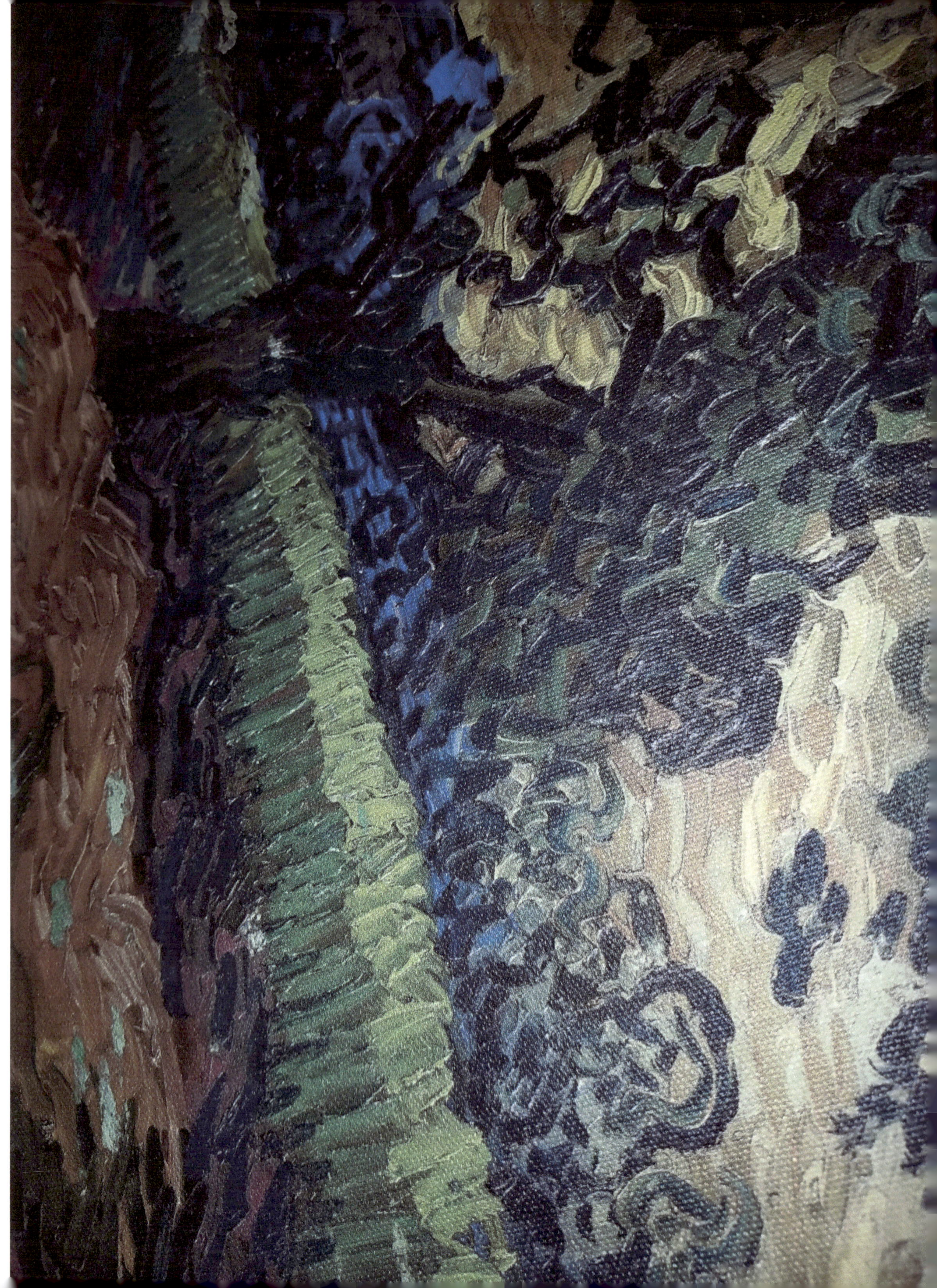

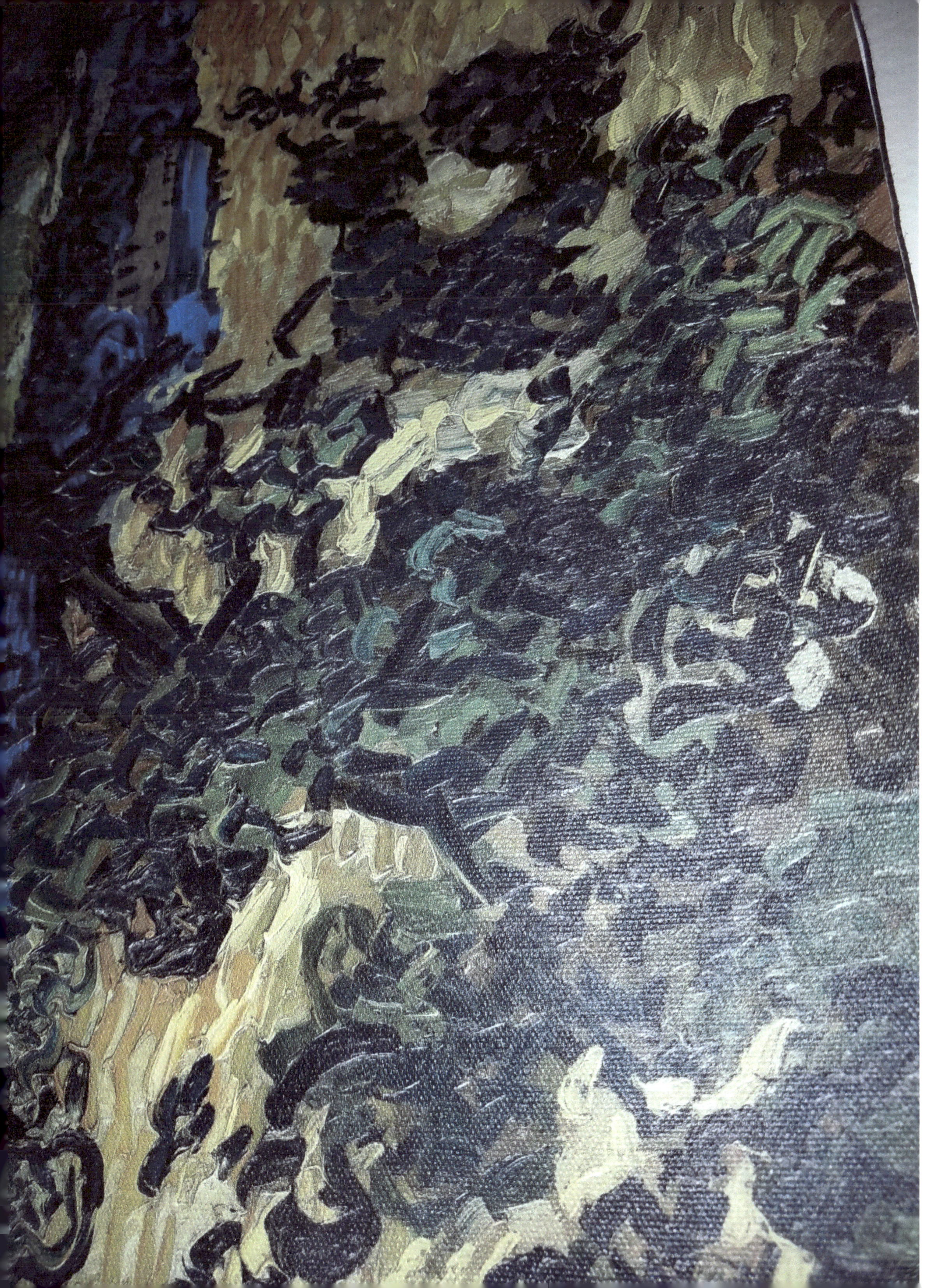

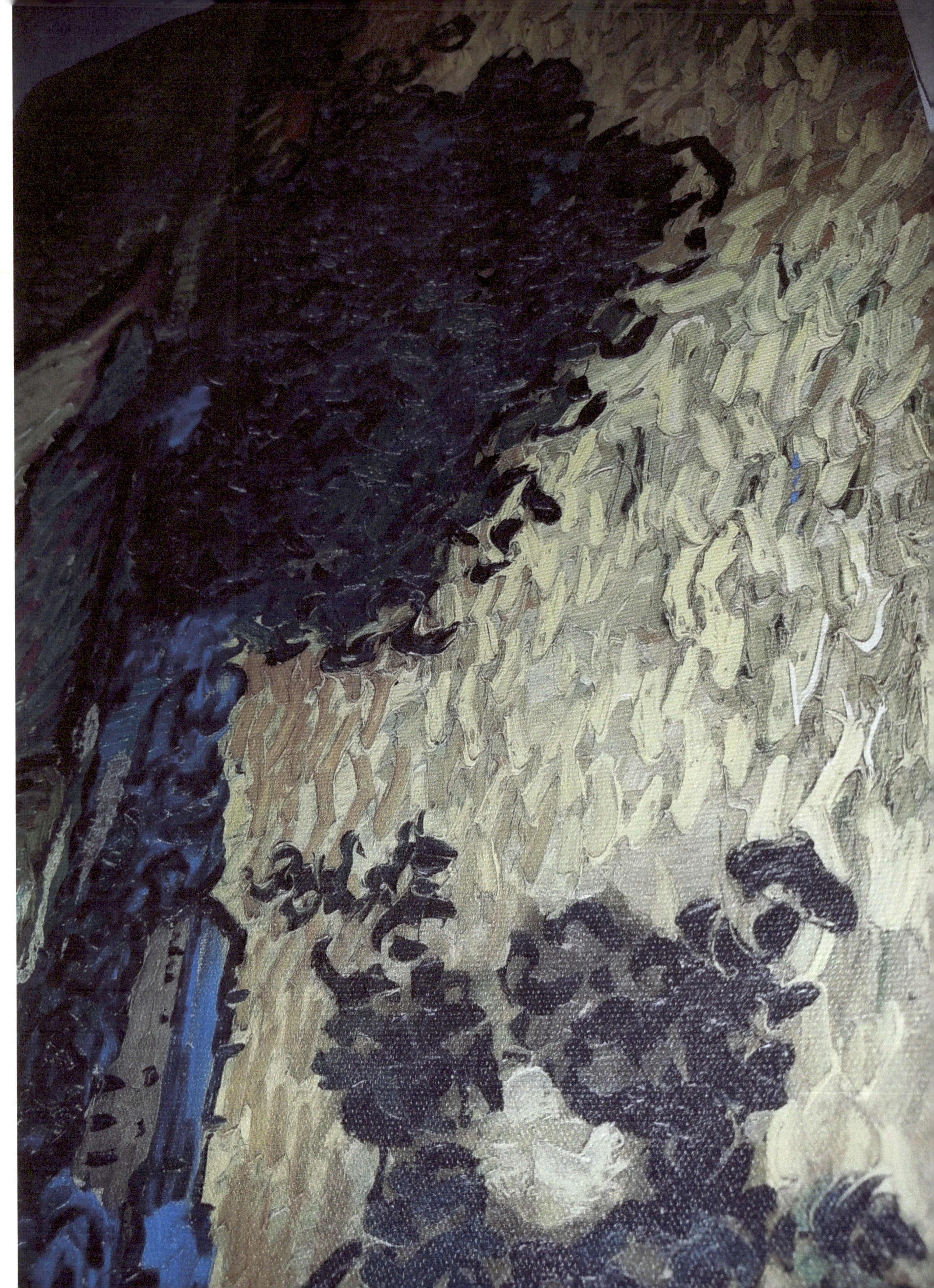

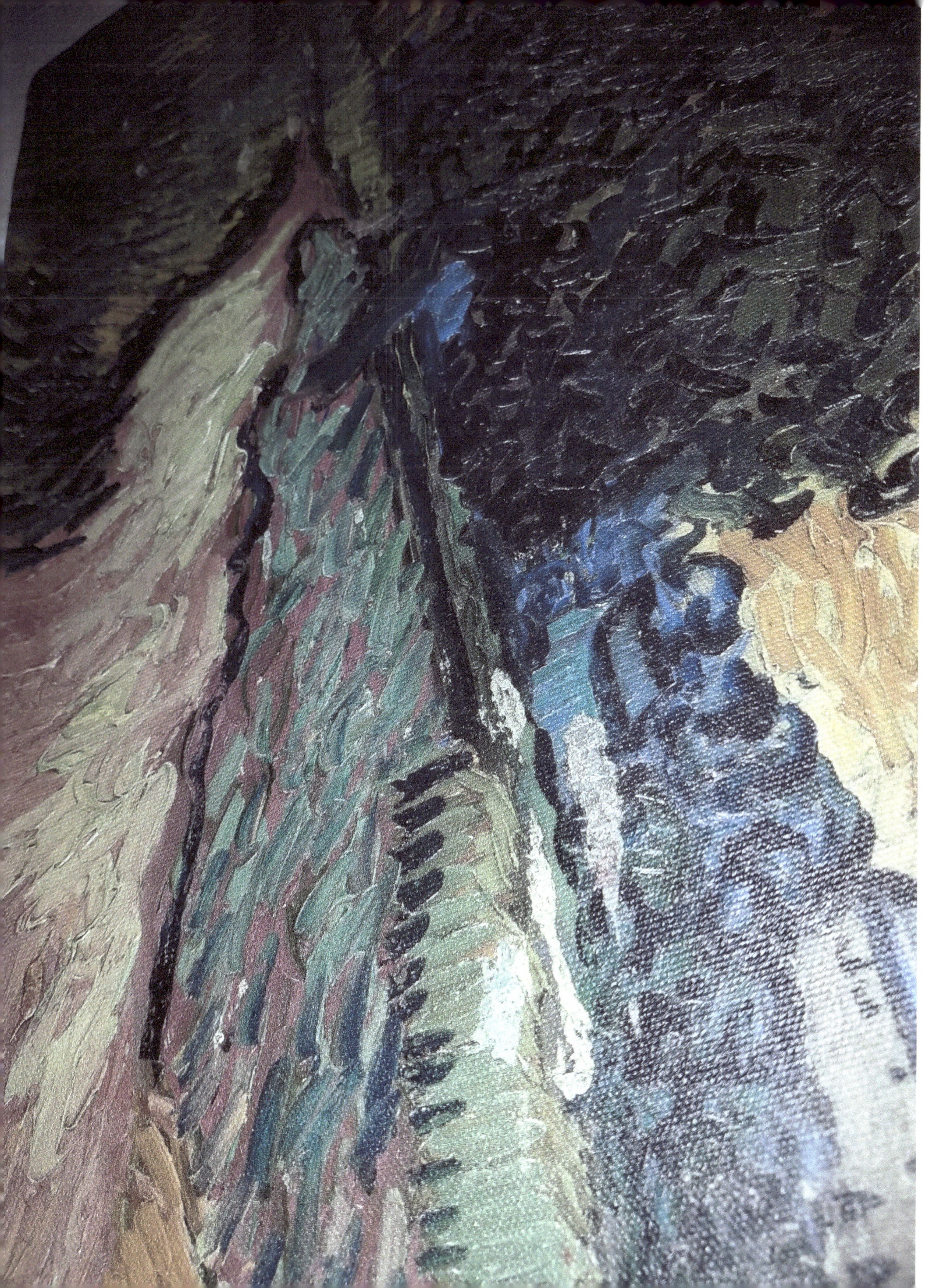

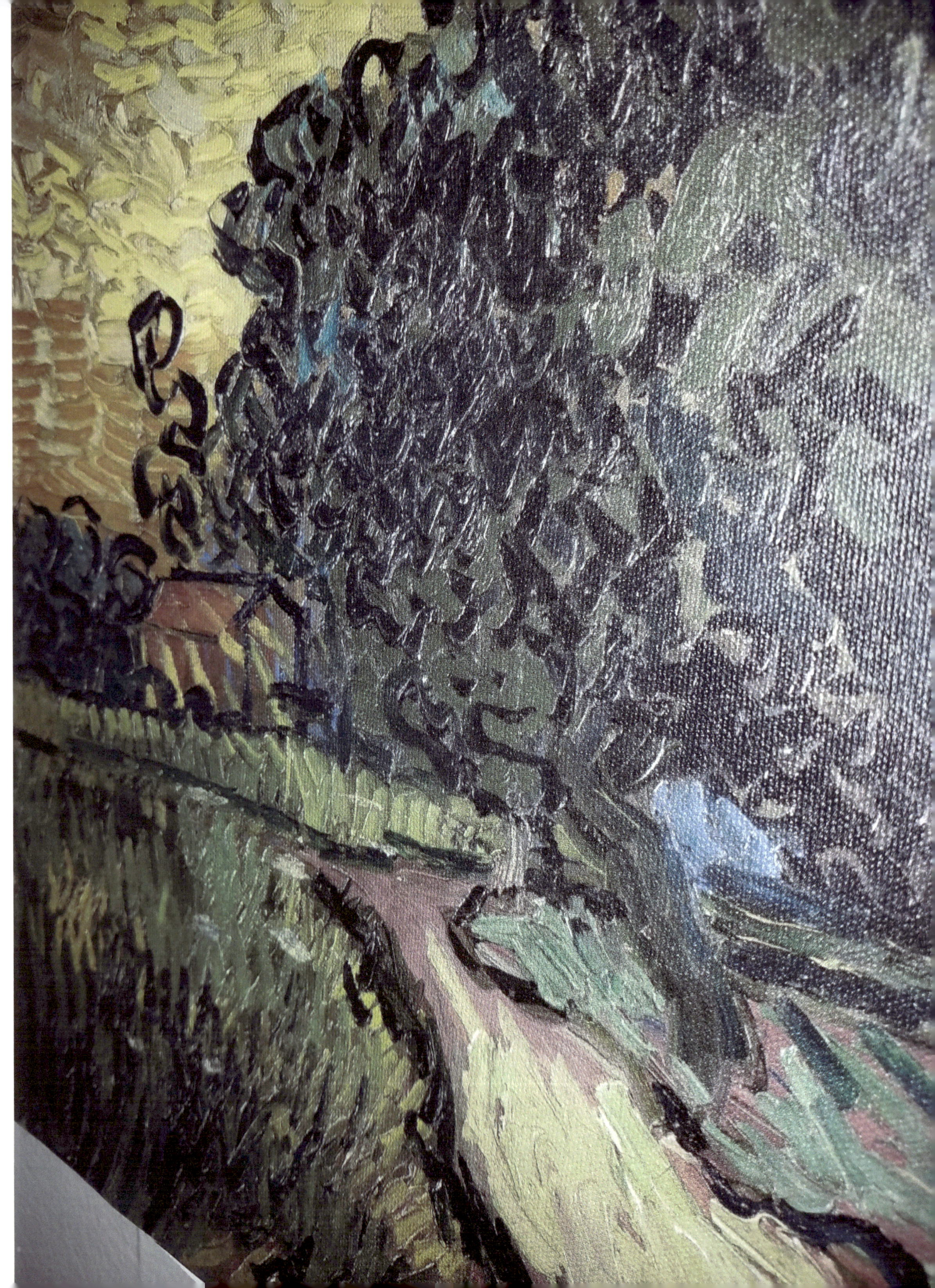

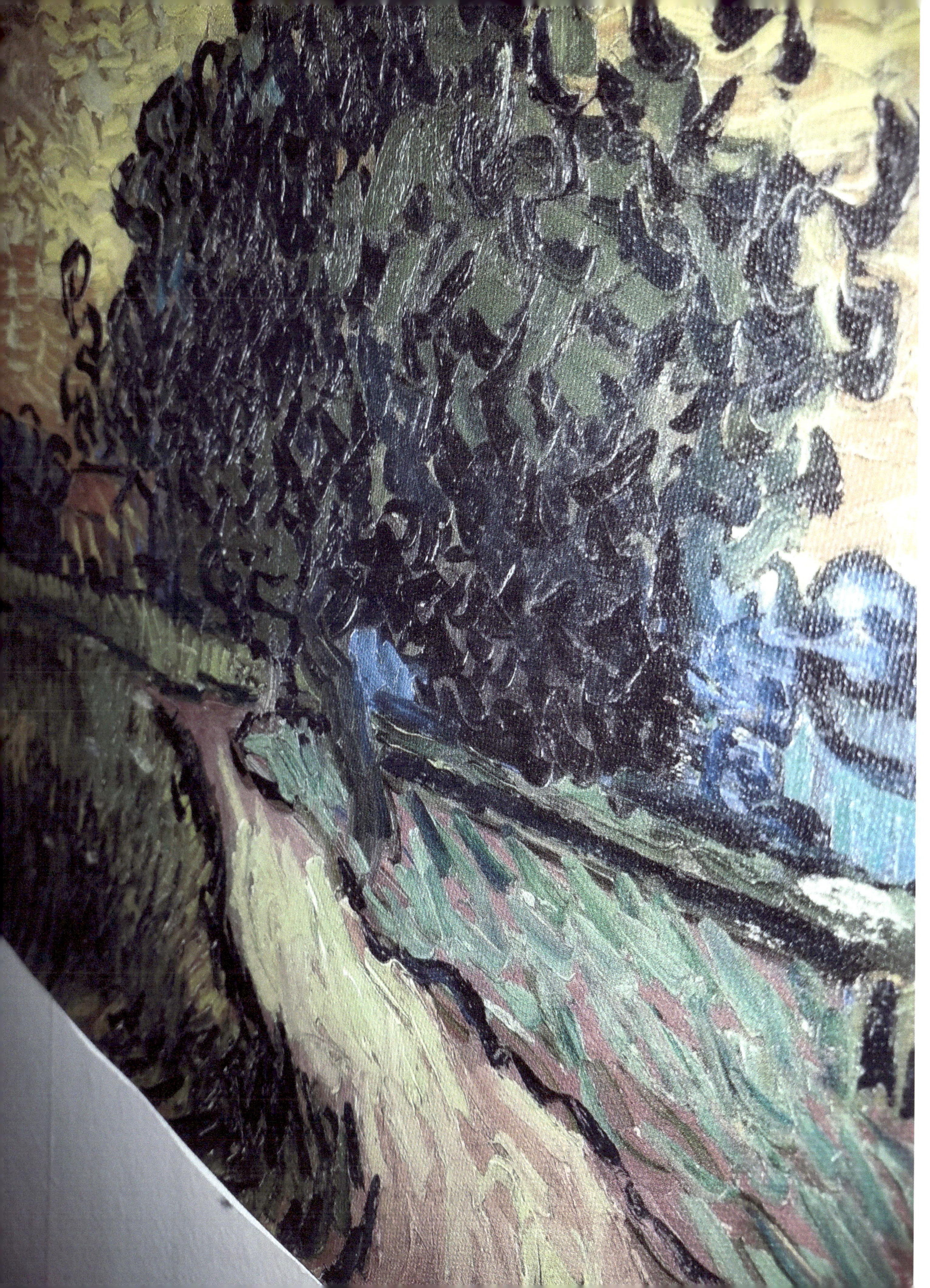

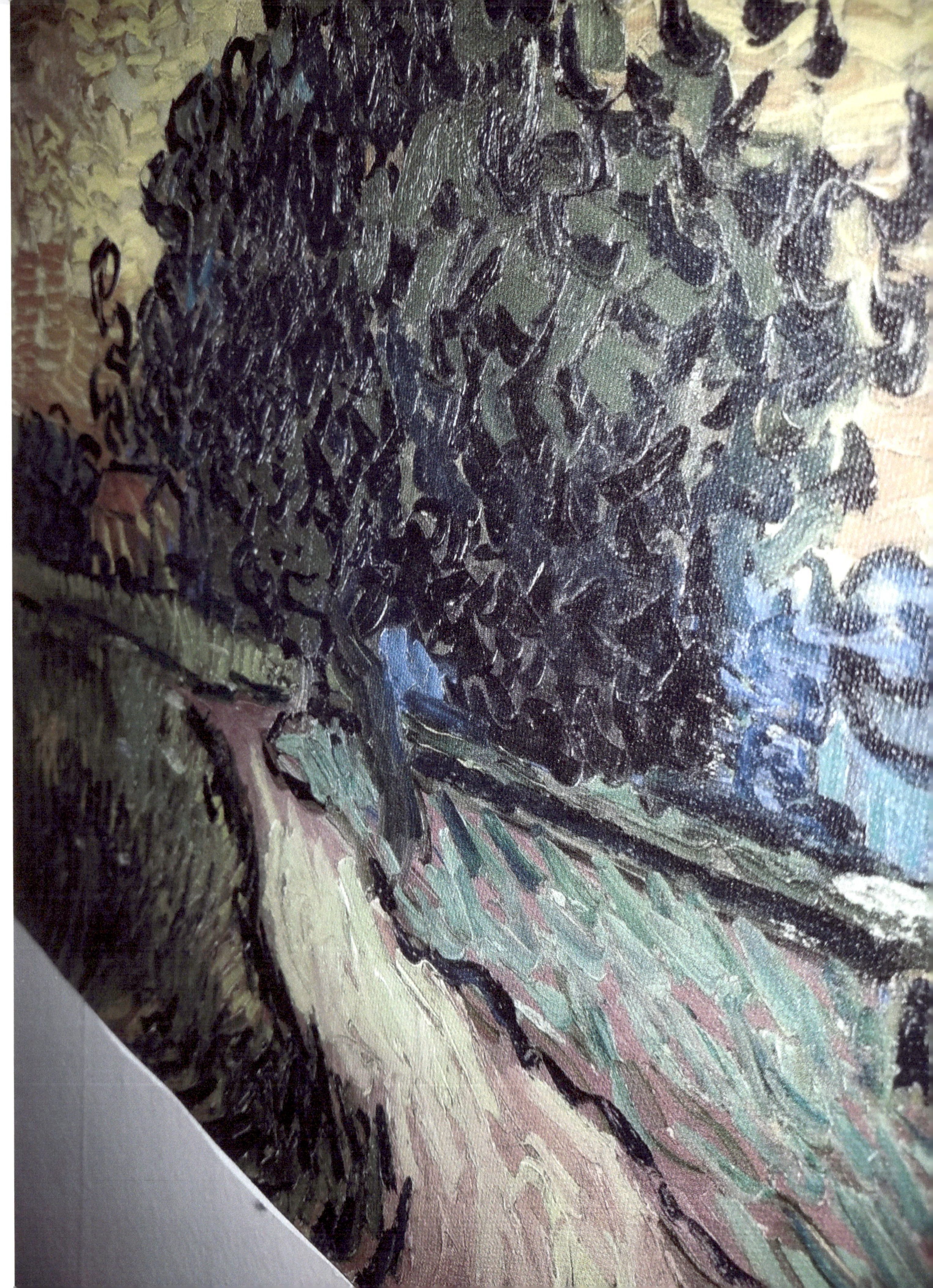

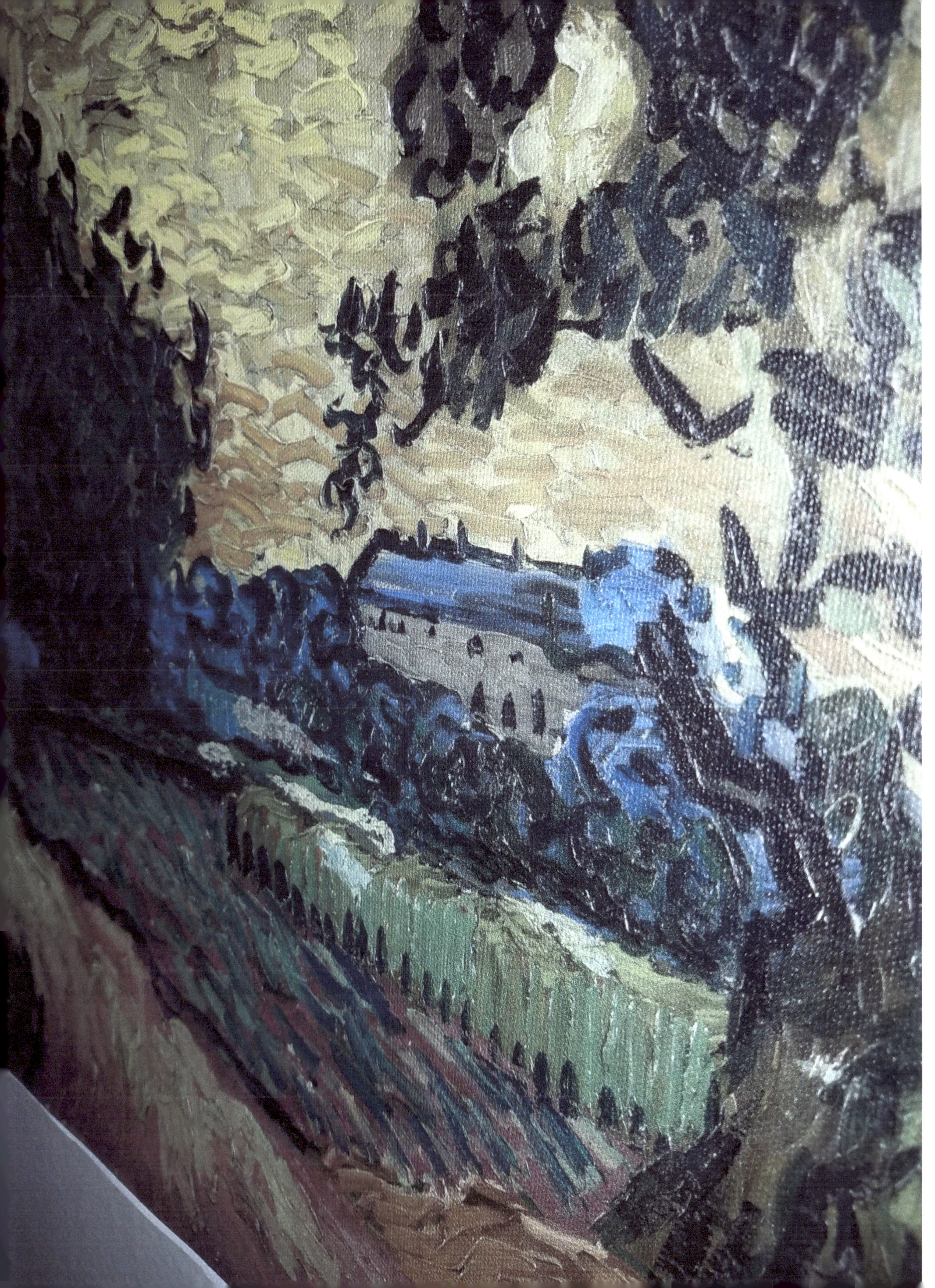

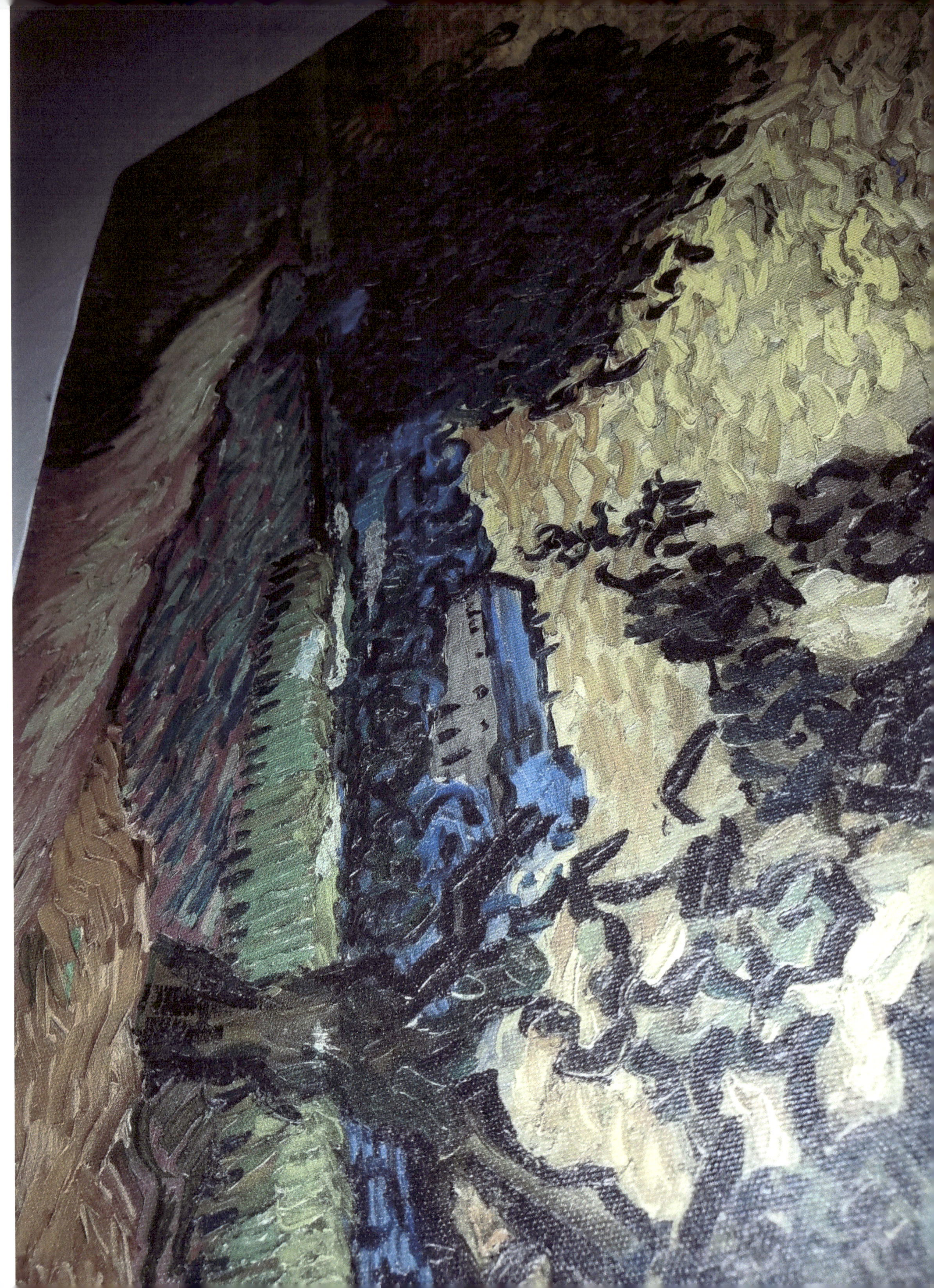

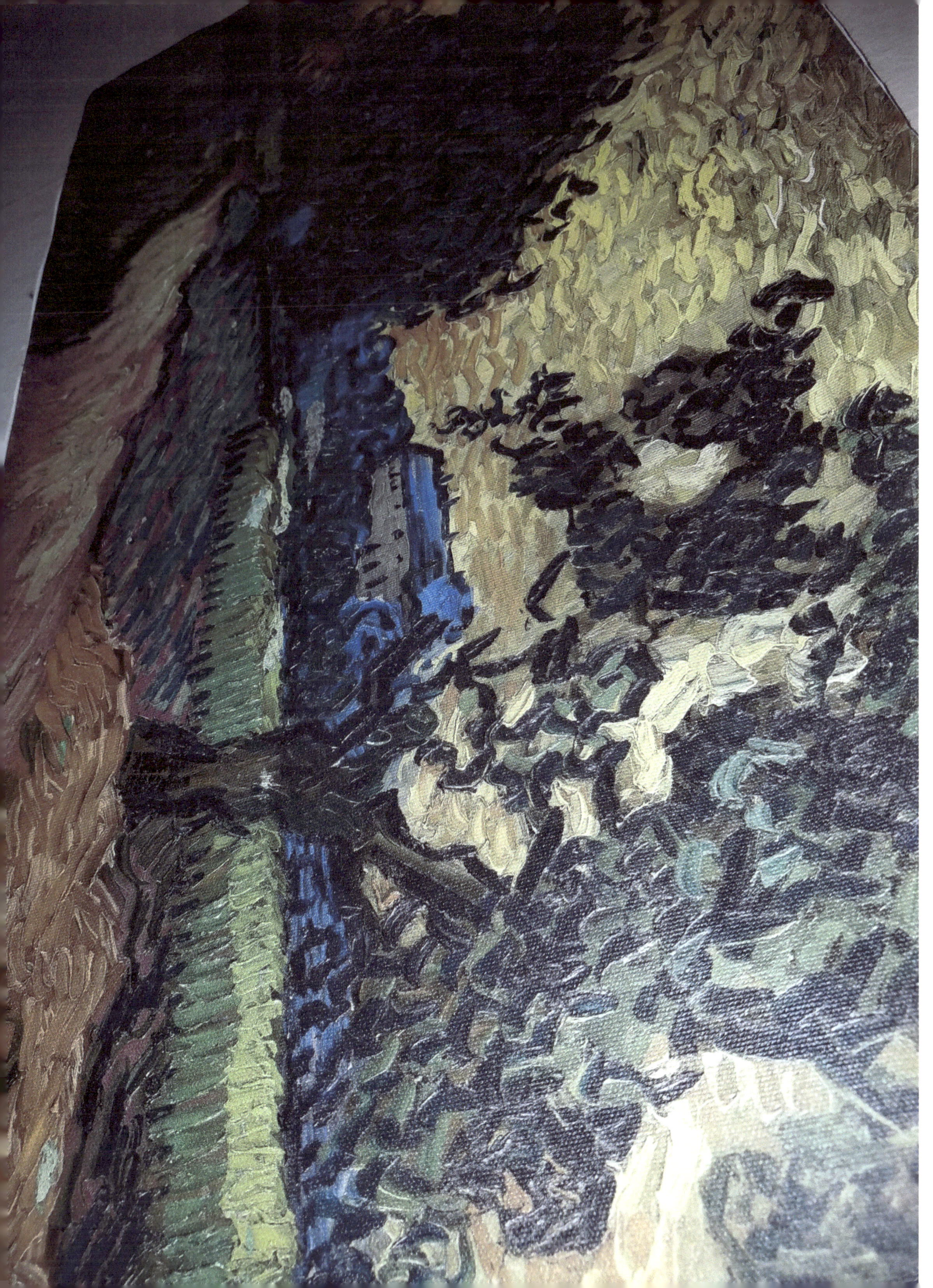

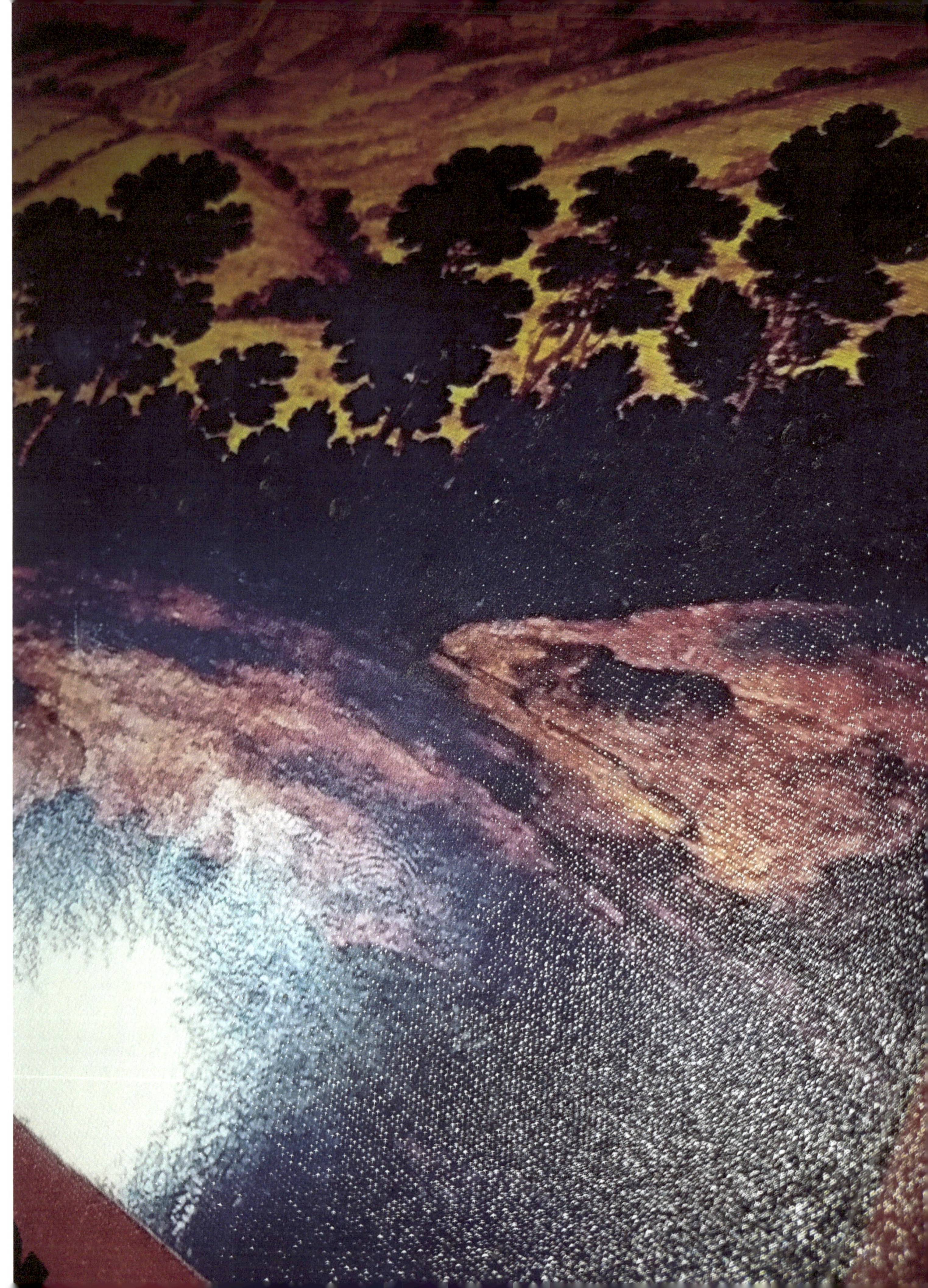

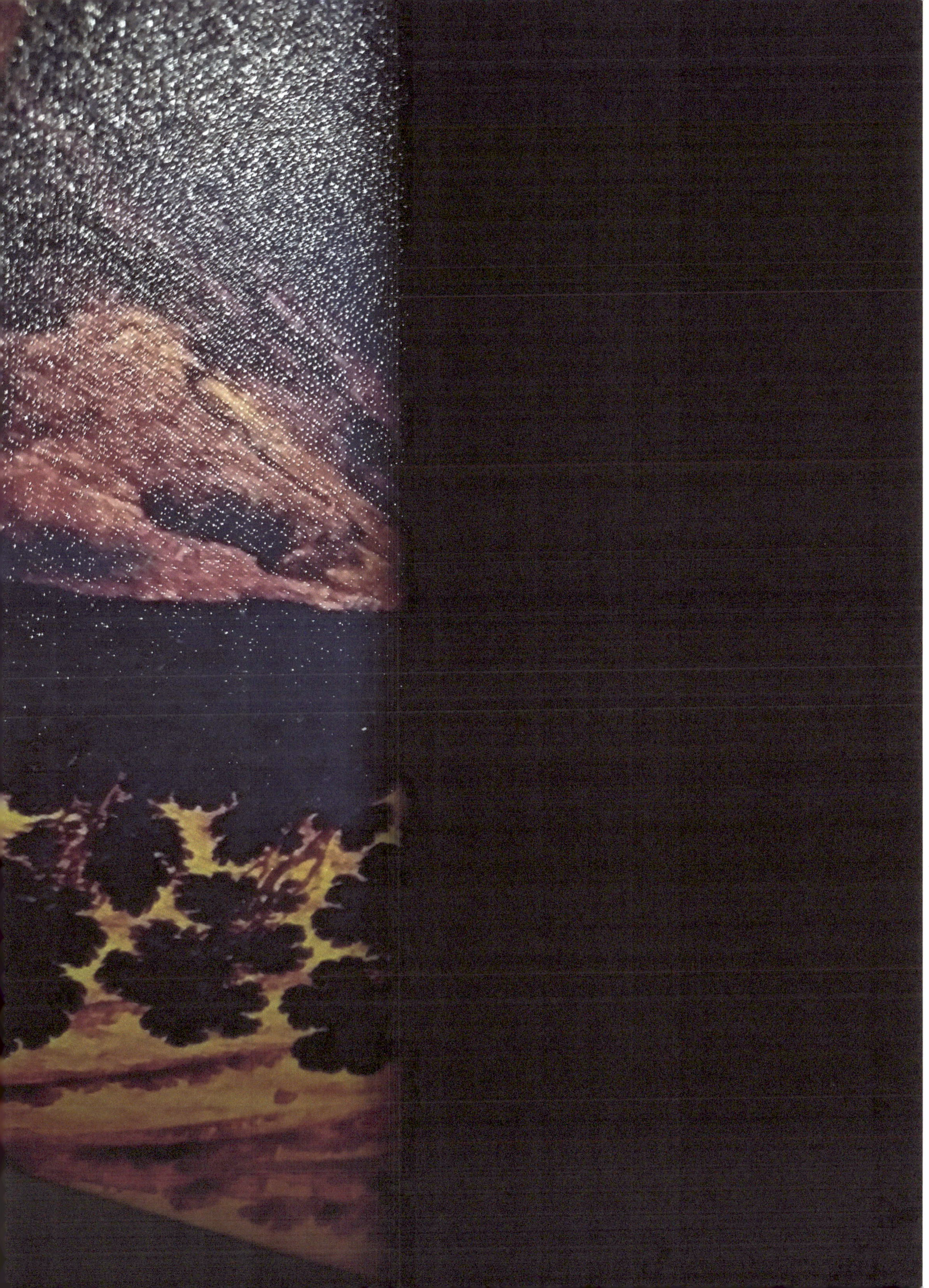

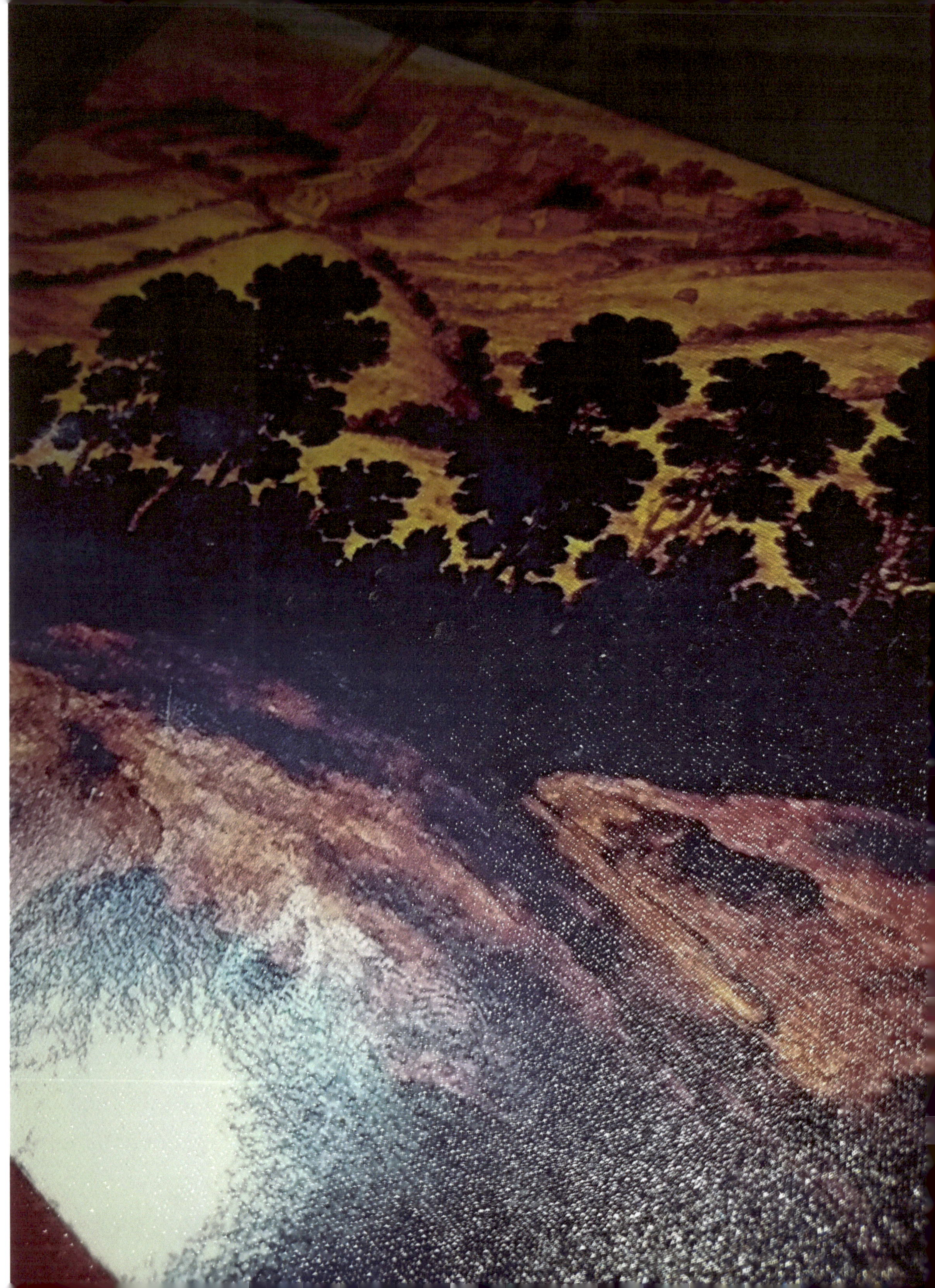

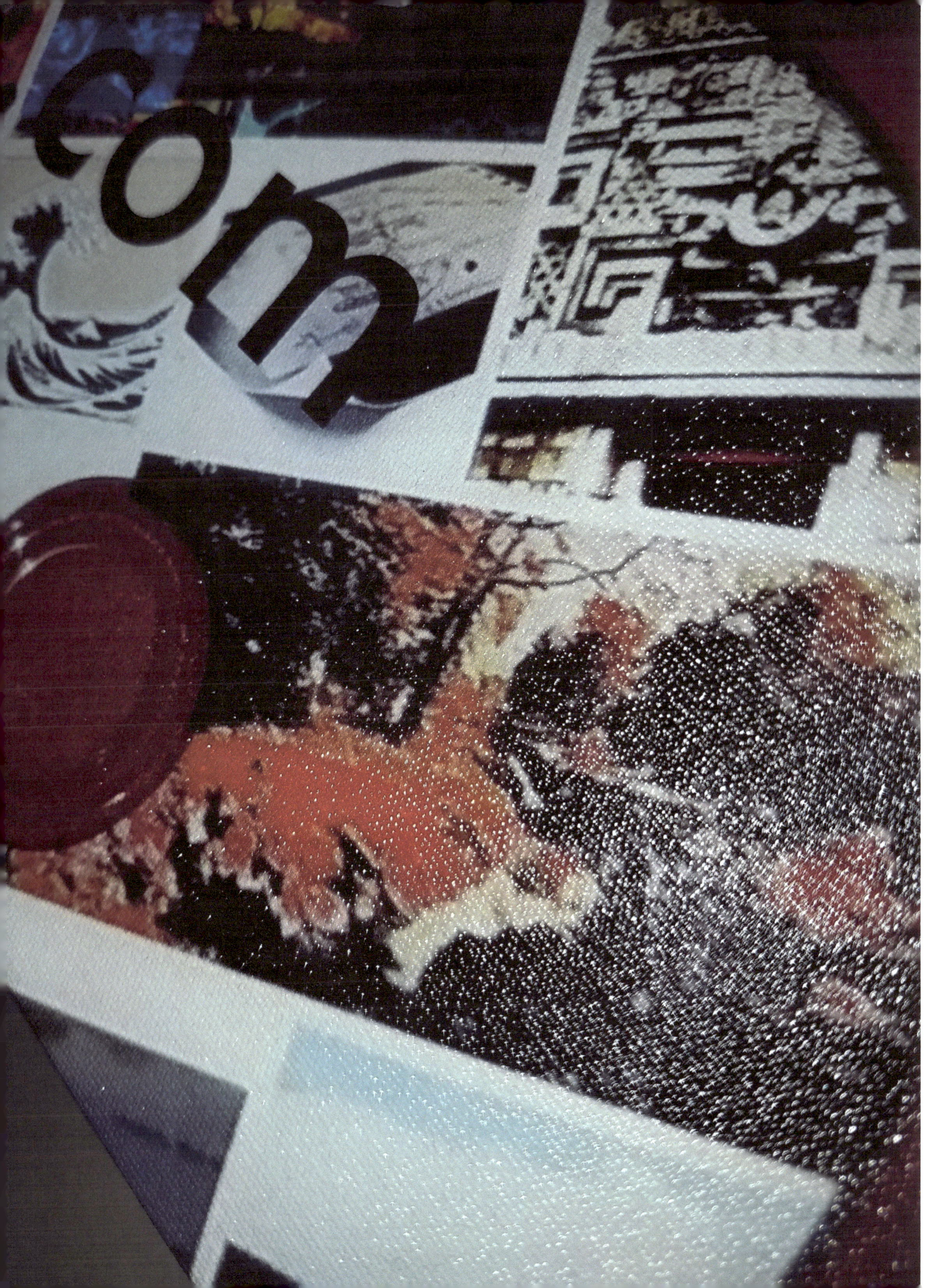

com

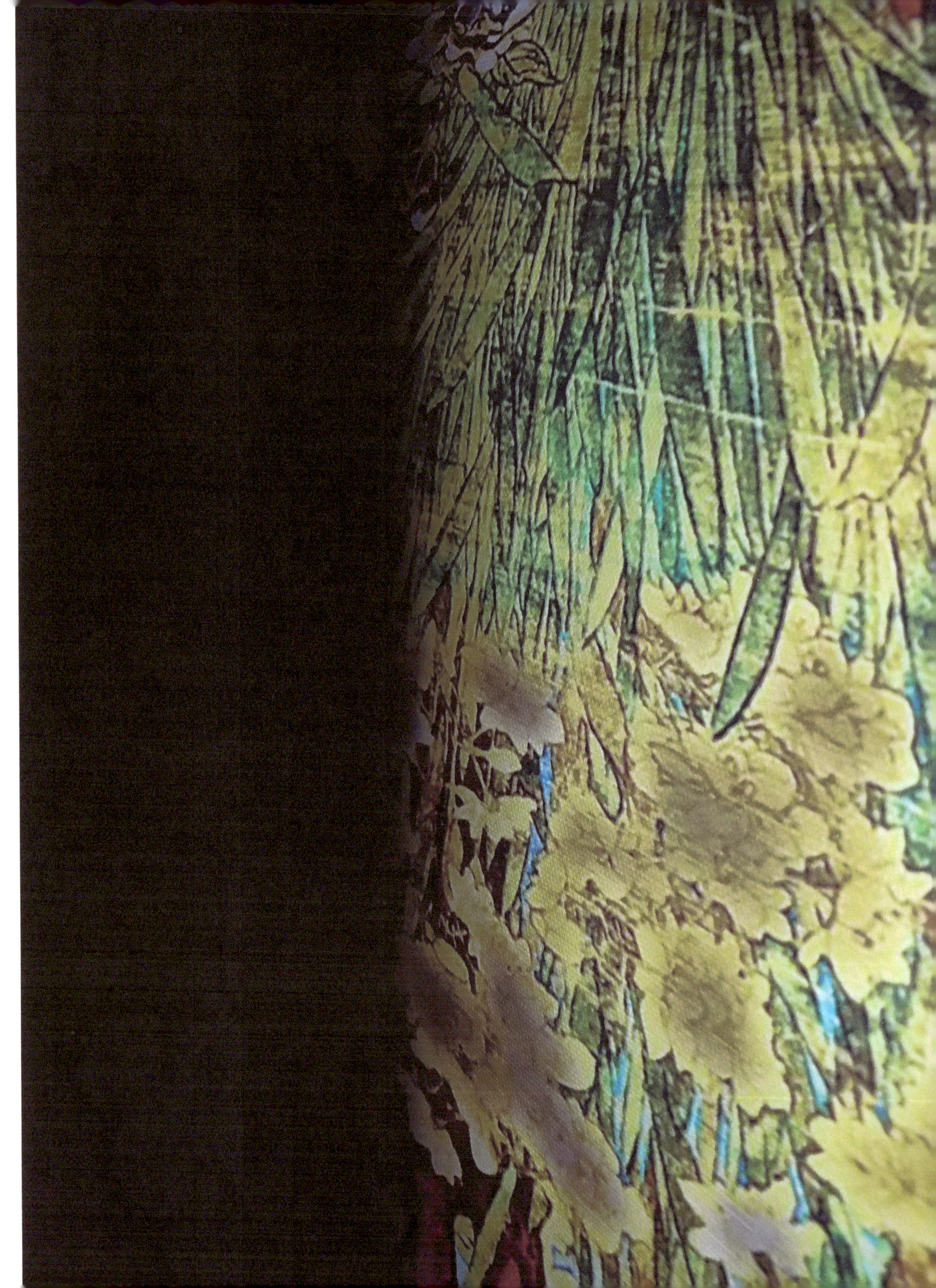

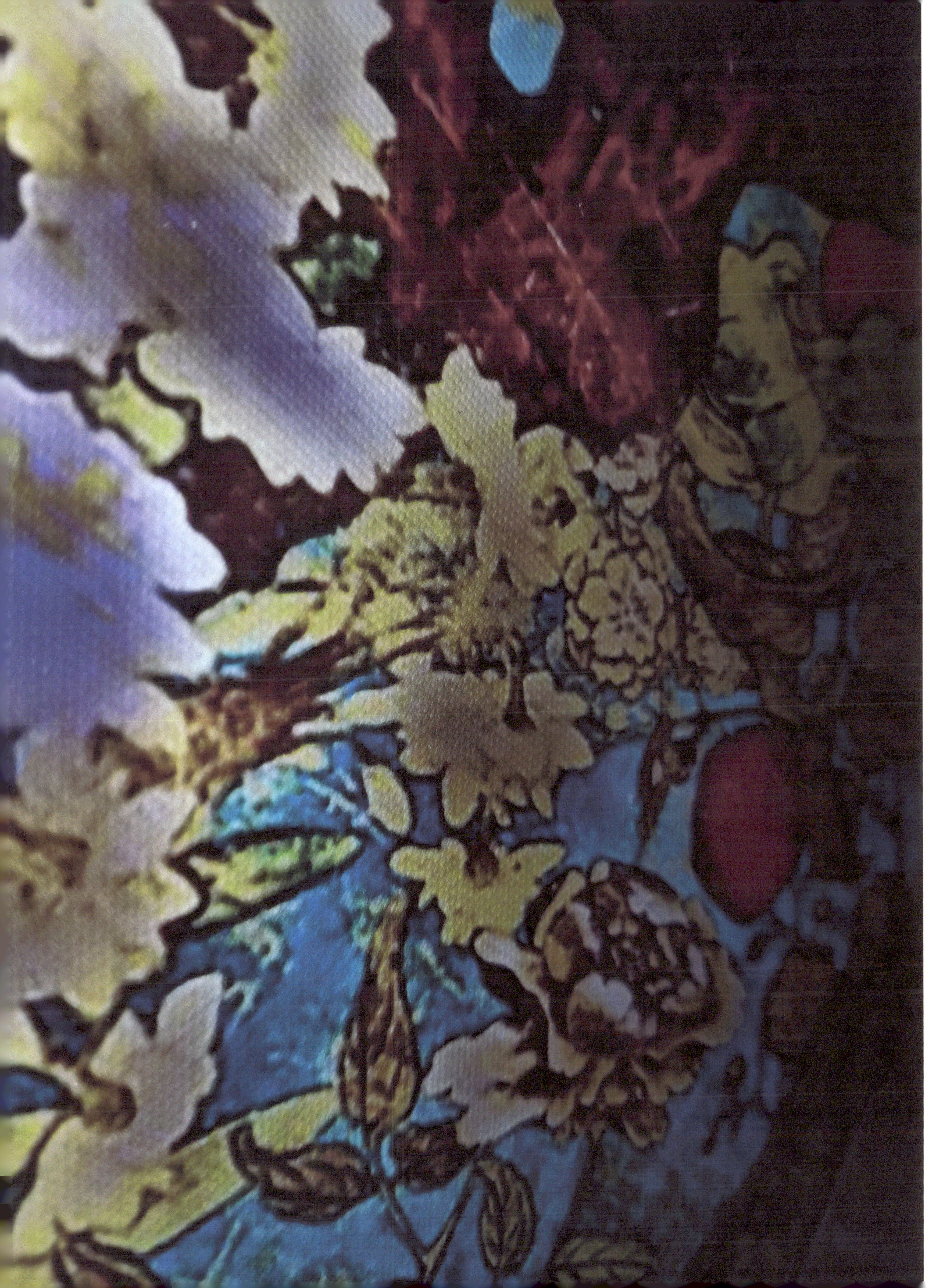

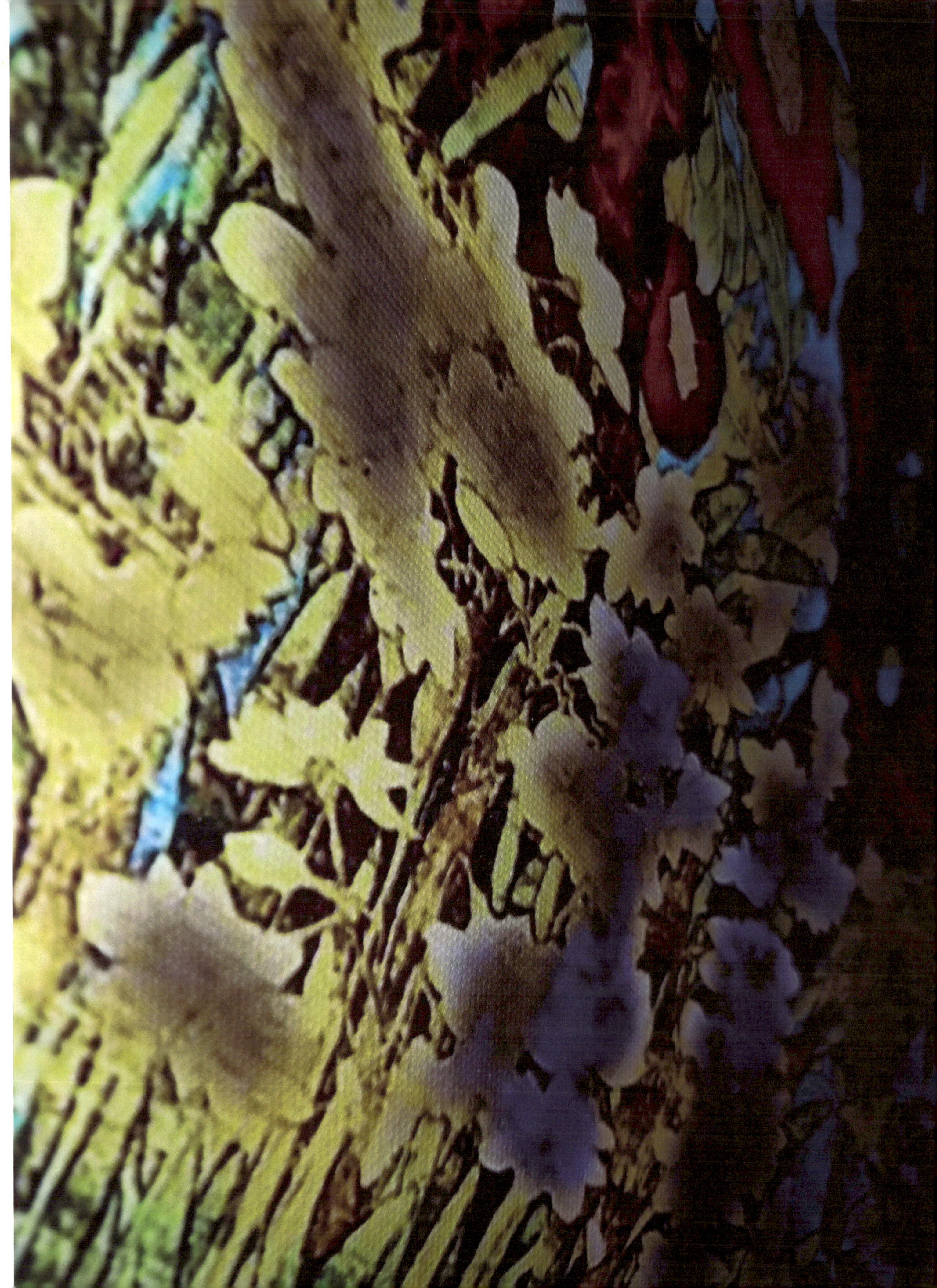

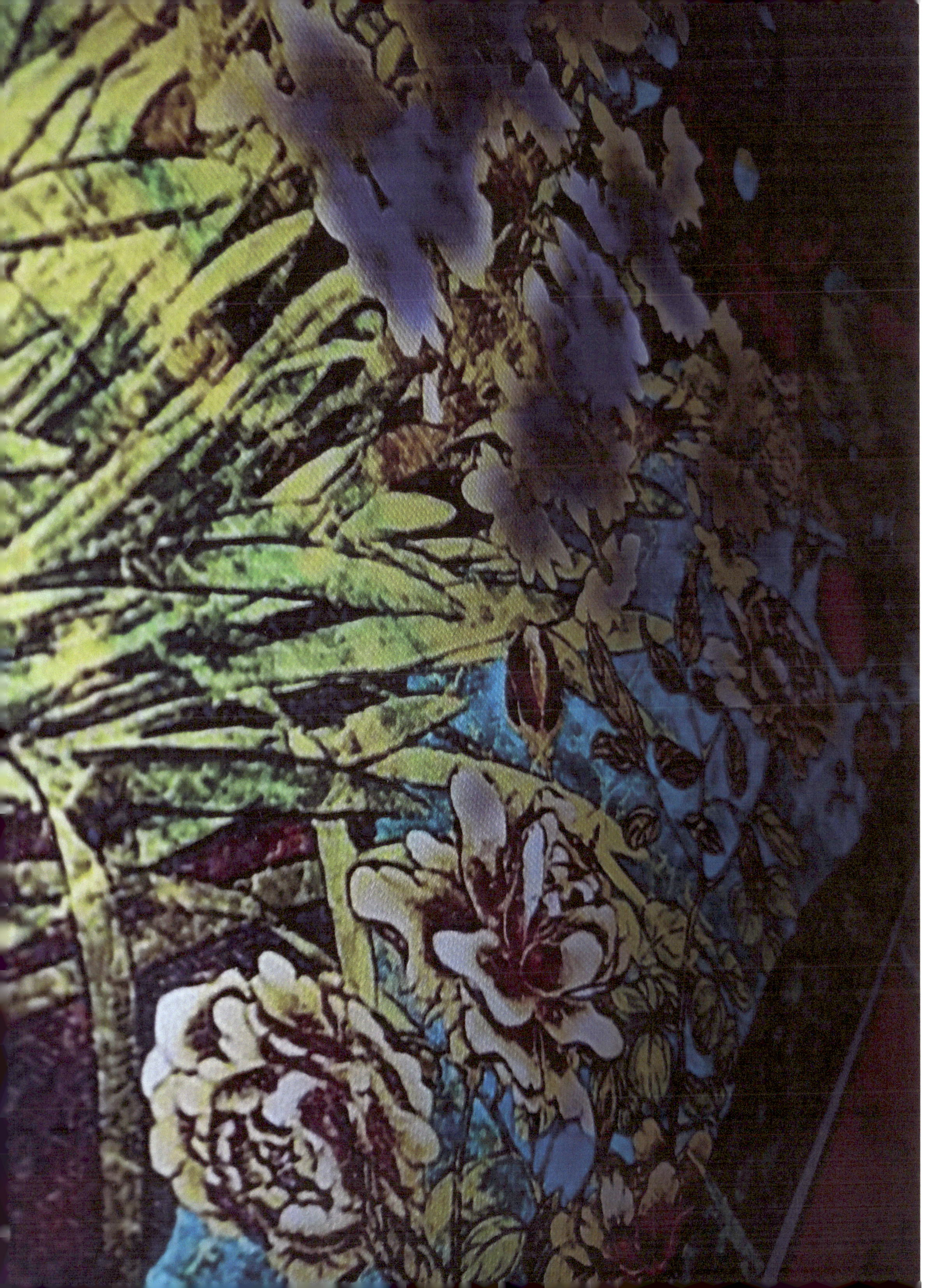

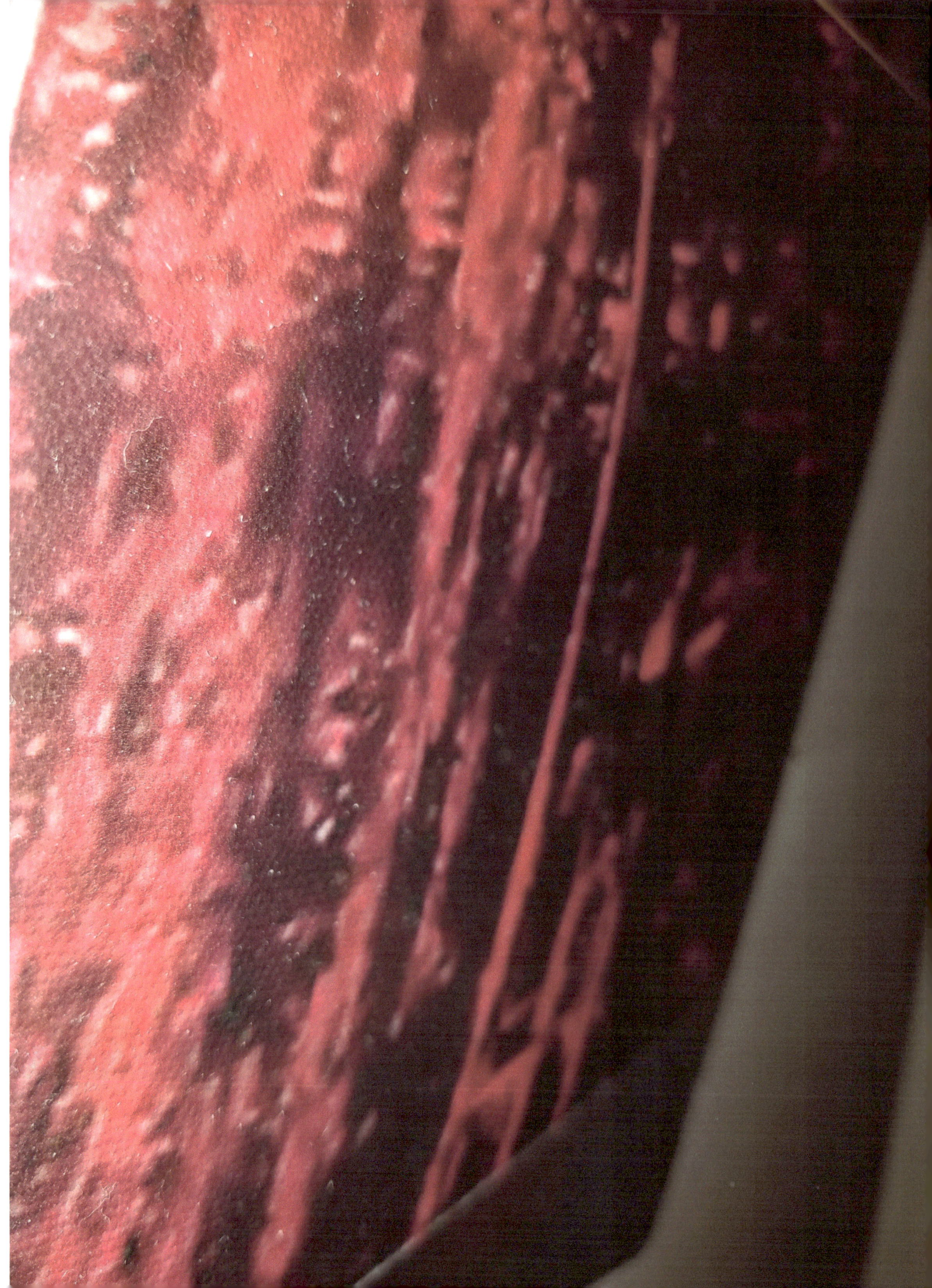

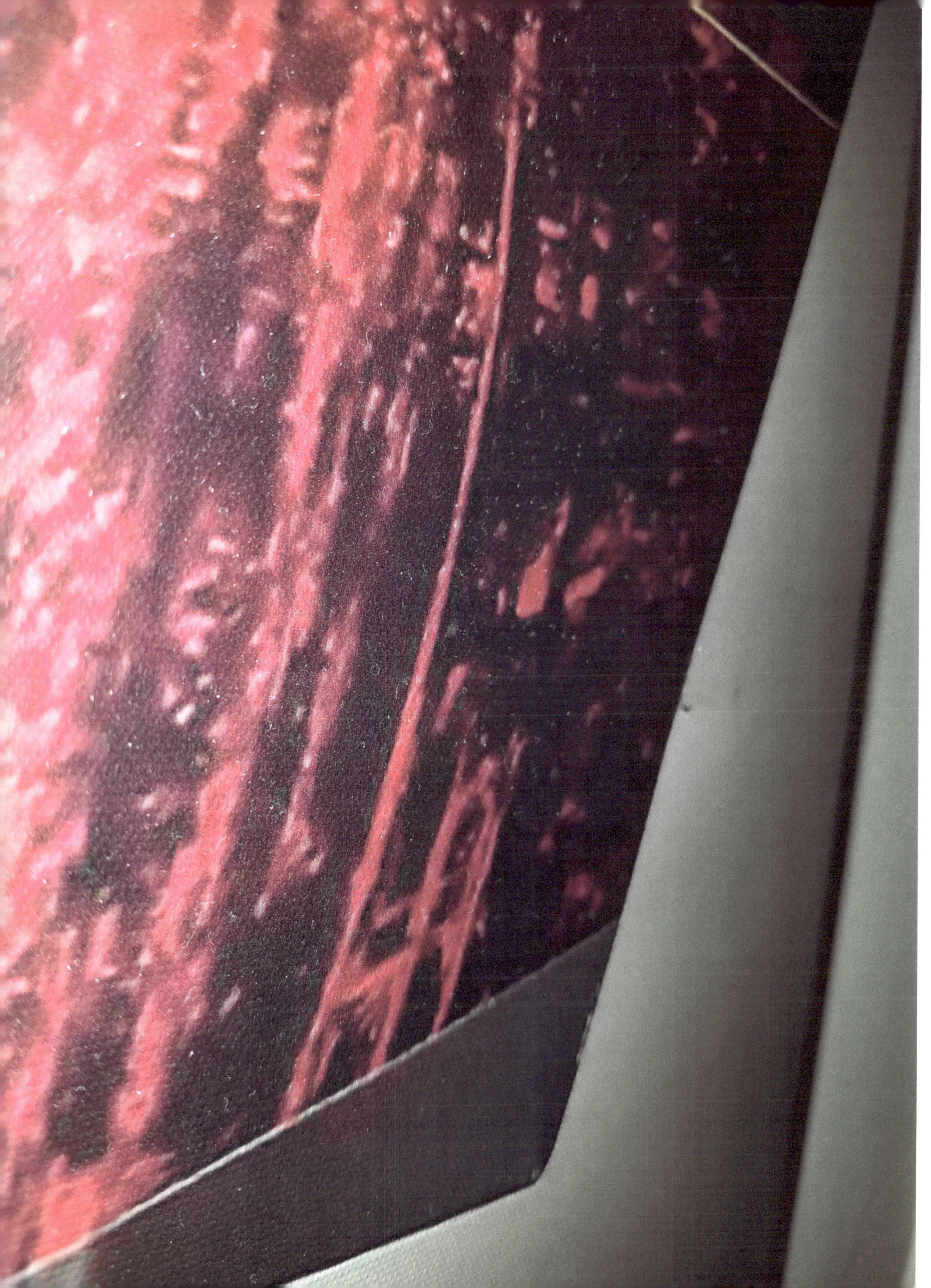

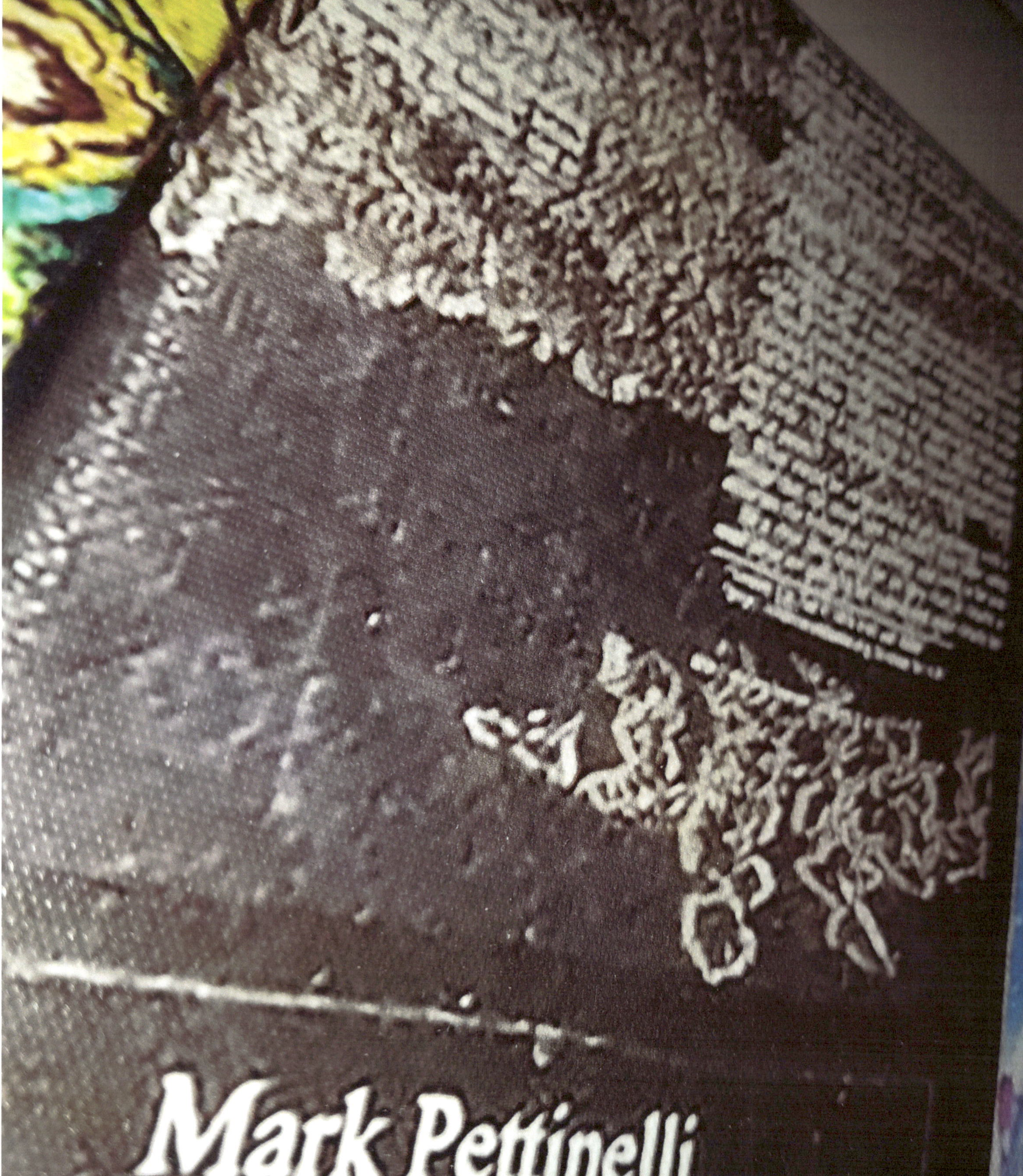

Mark Pettinelli

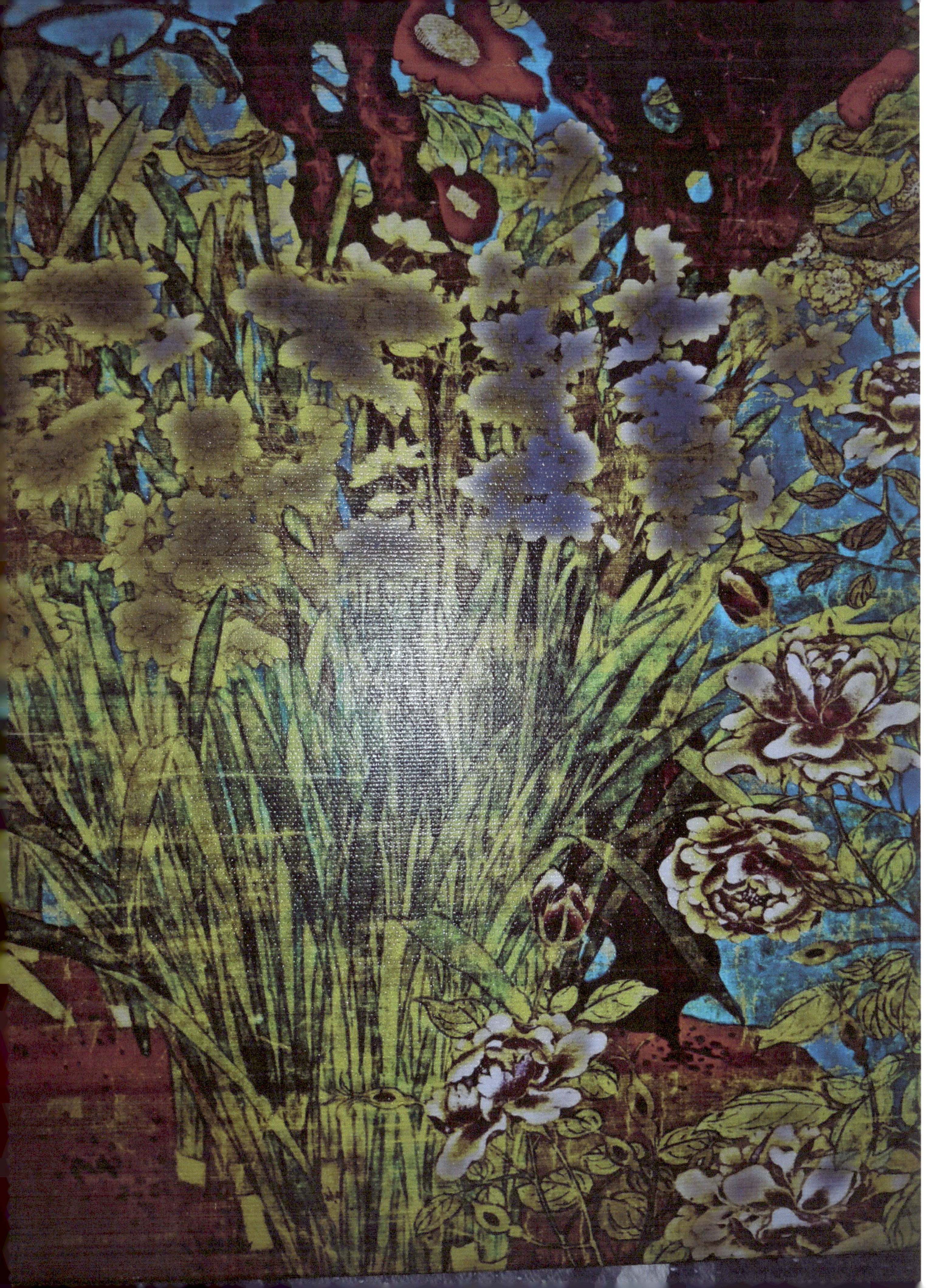

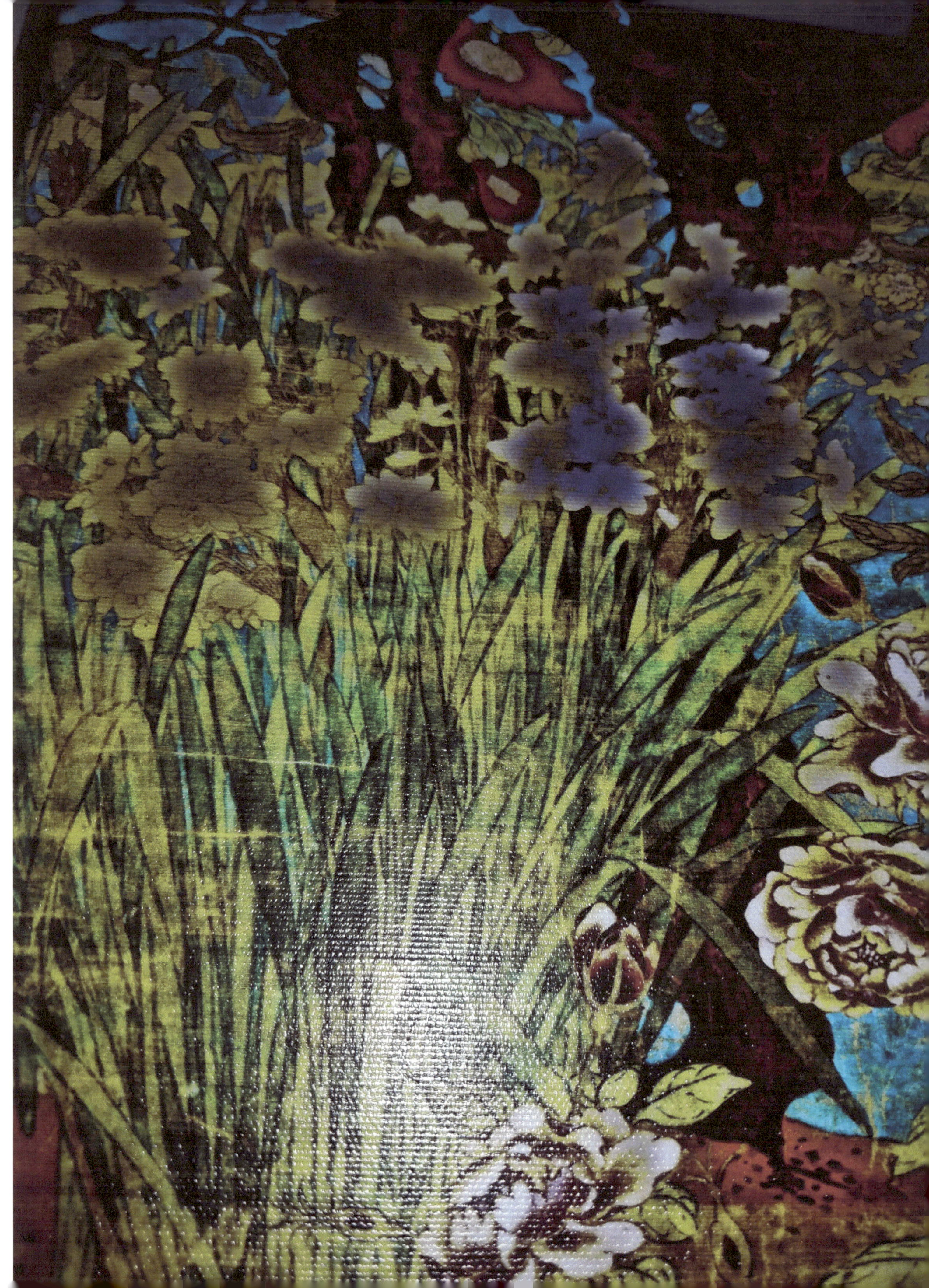

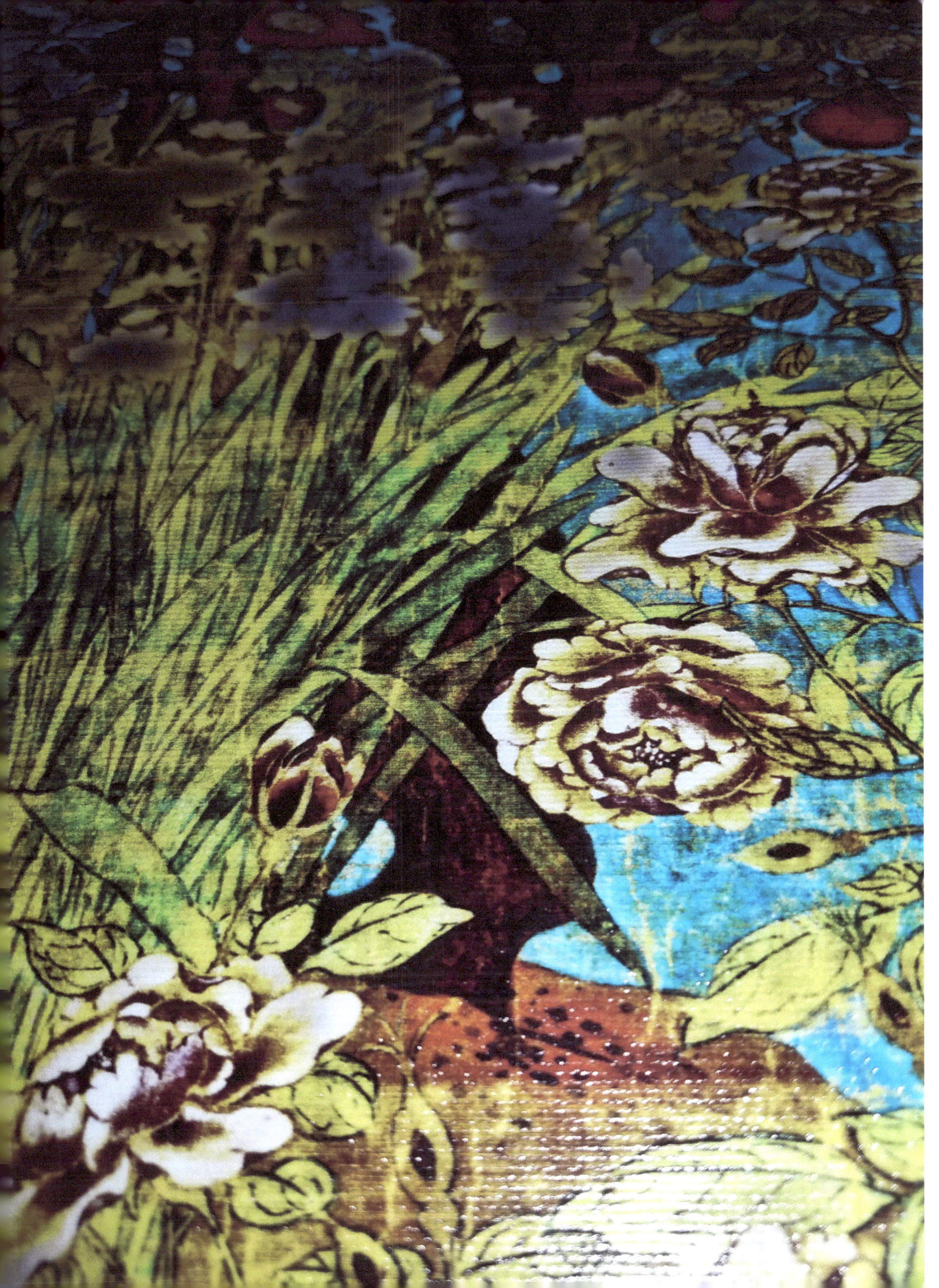

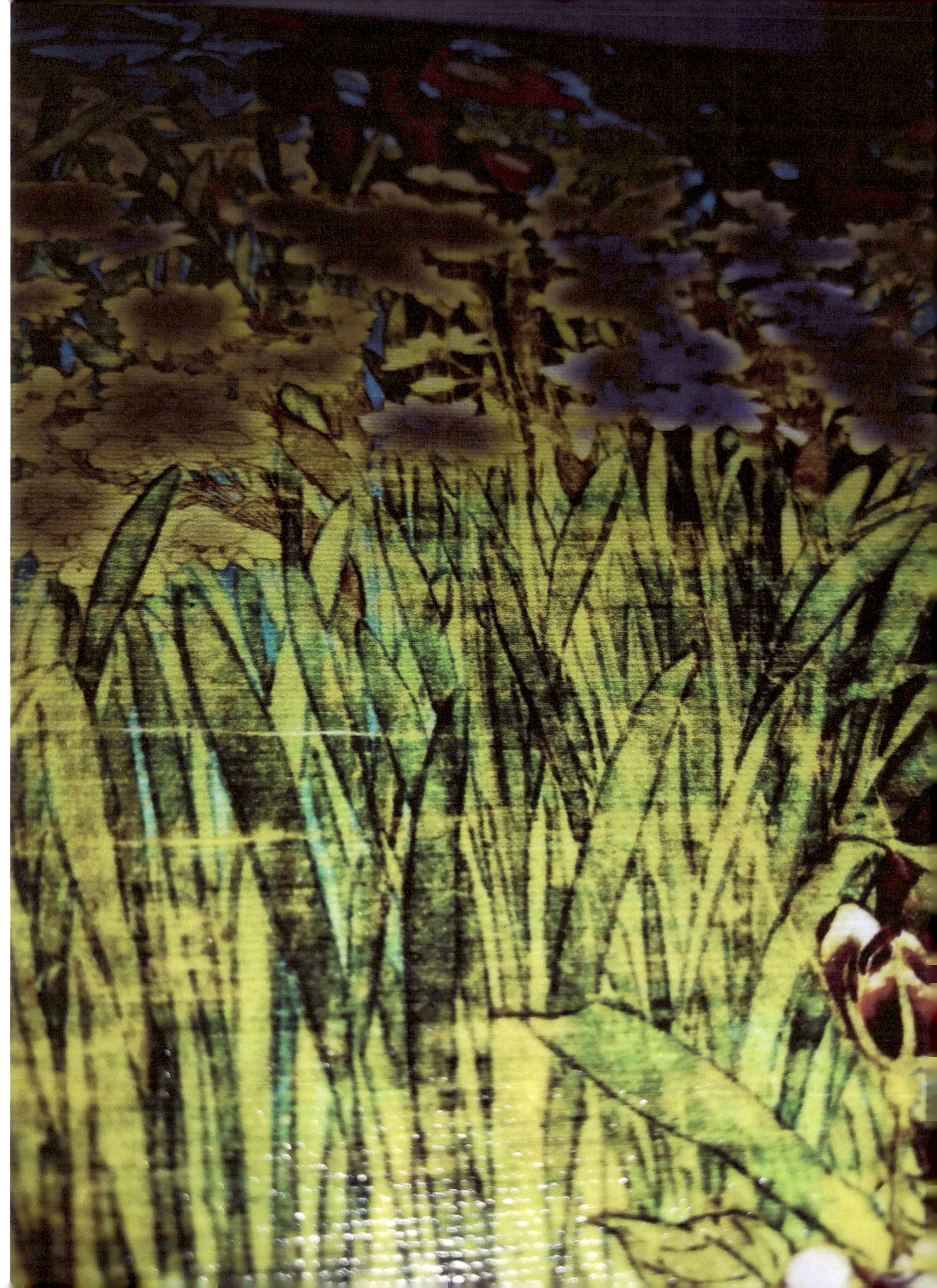

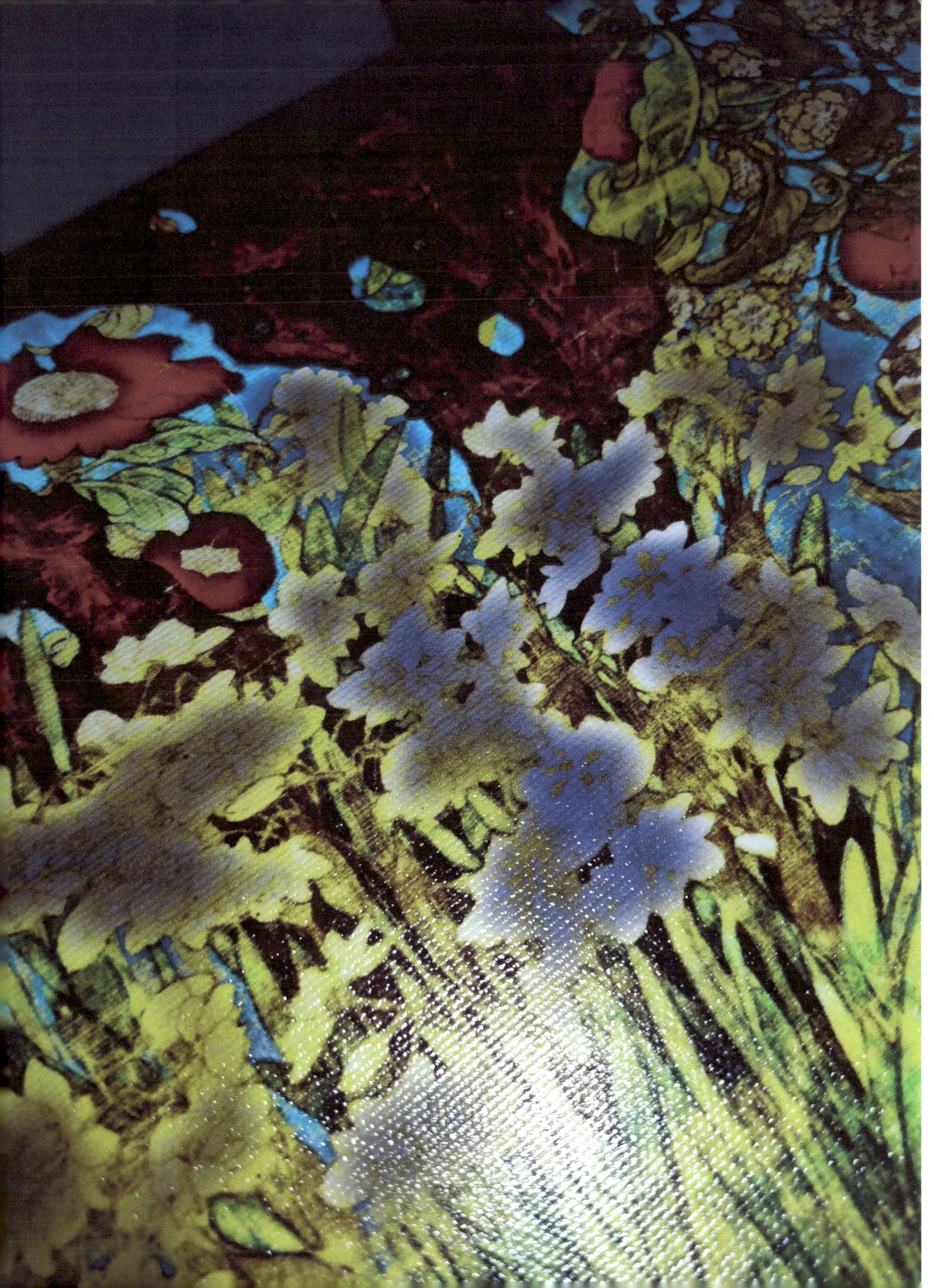

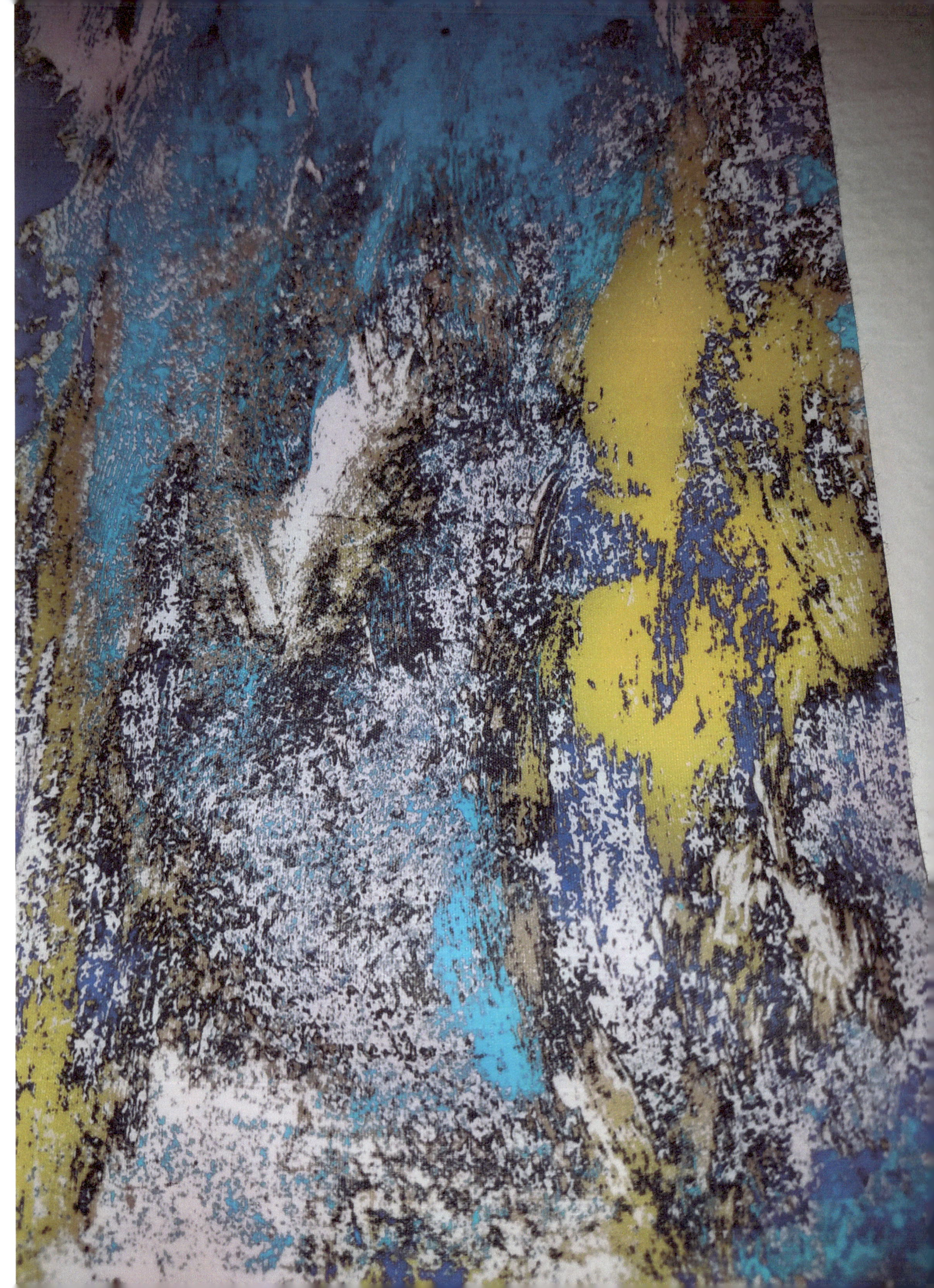

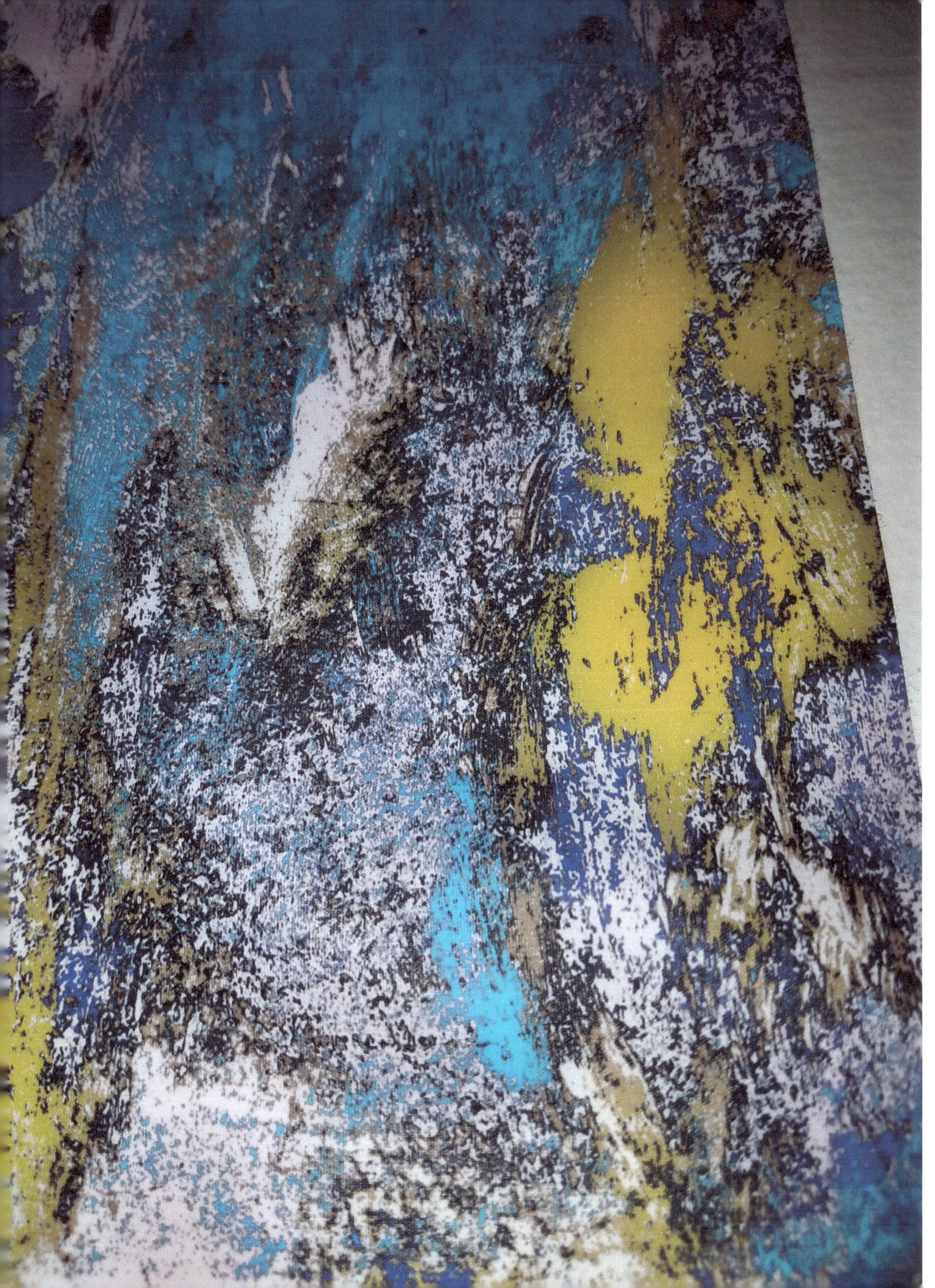

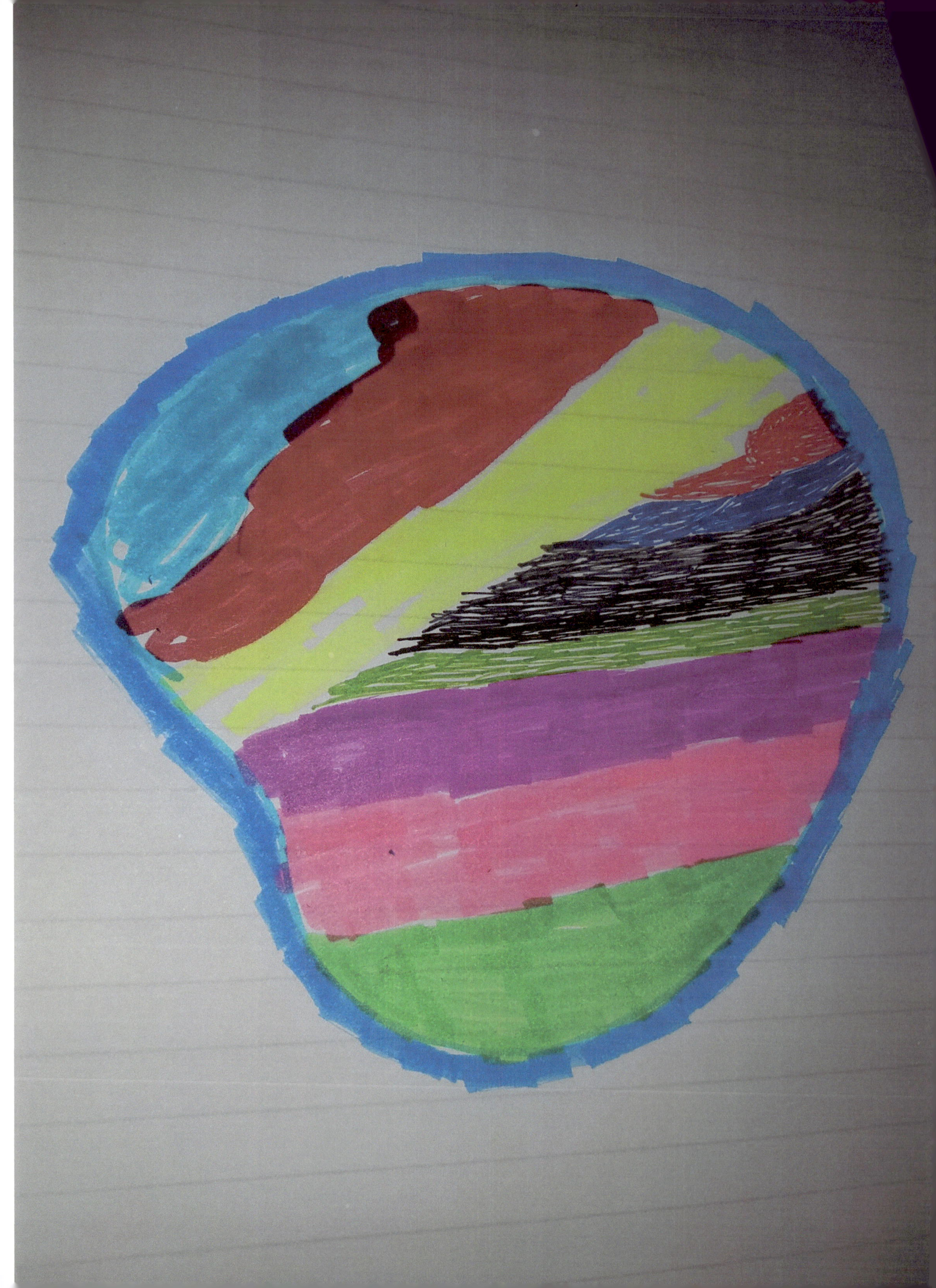

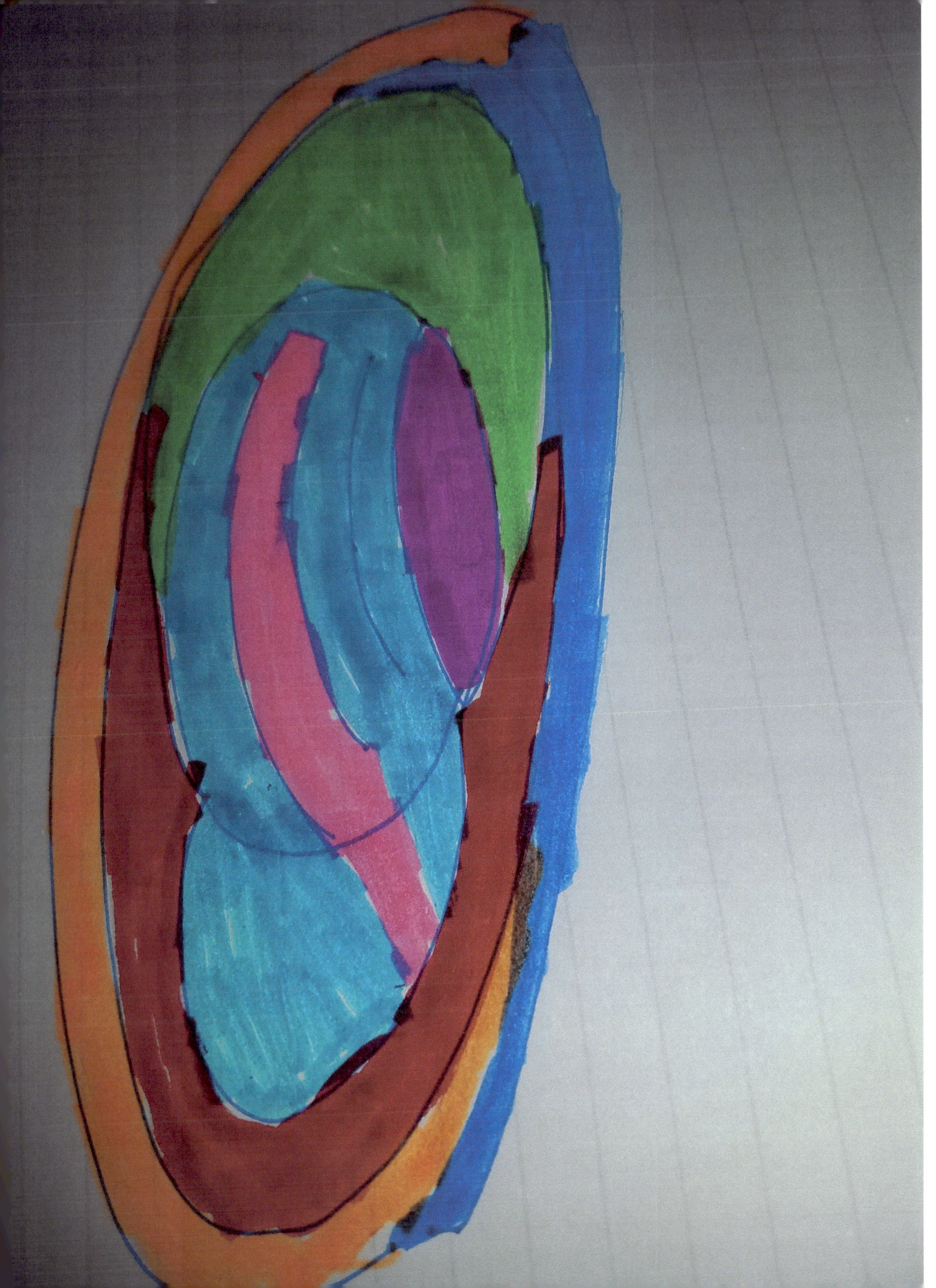

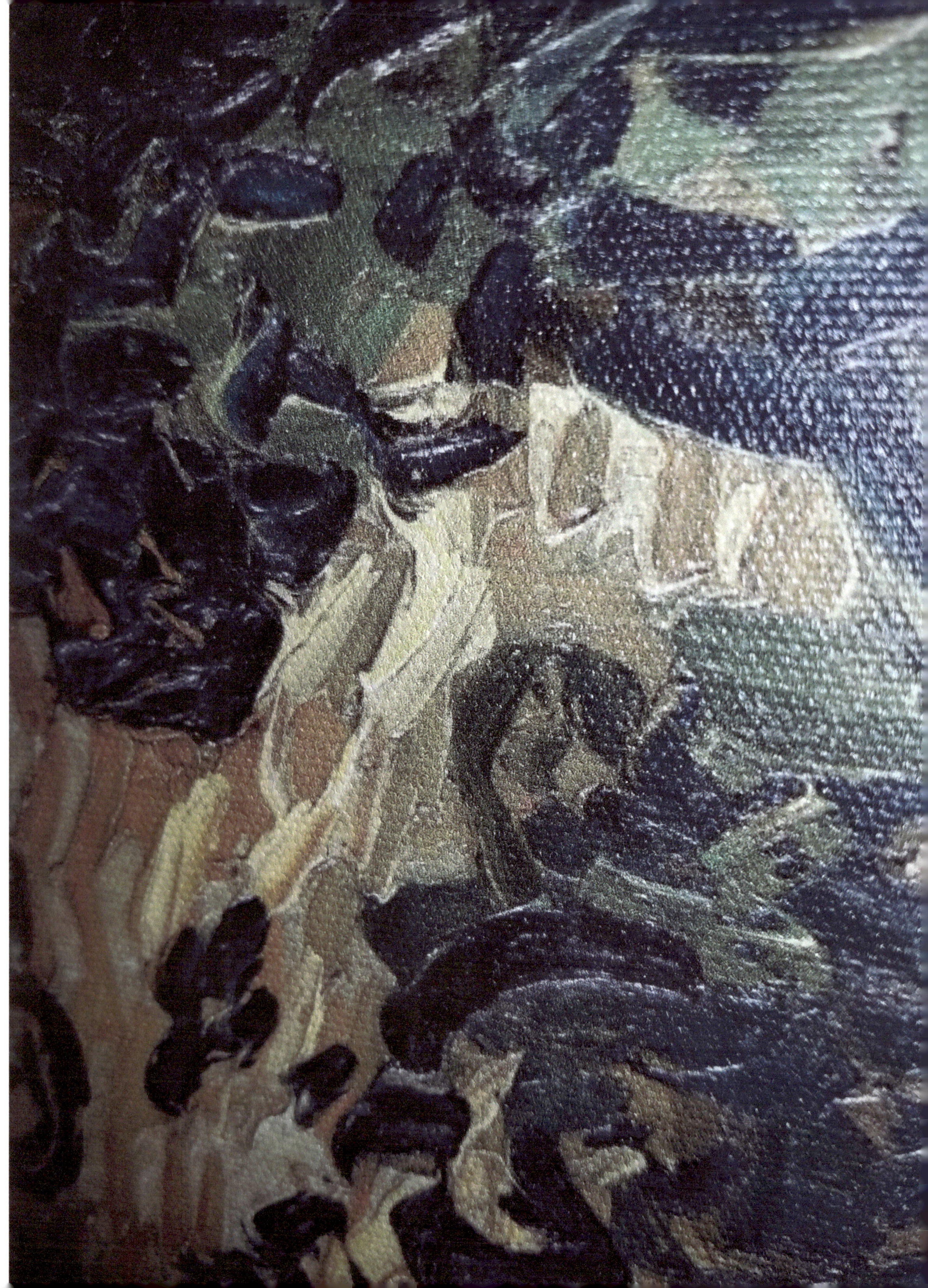

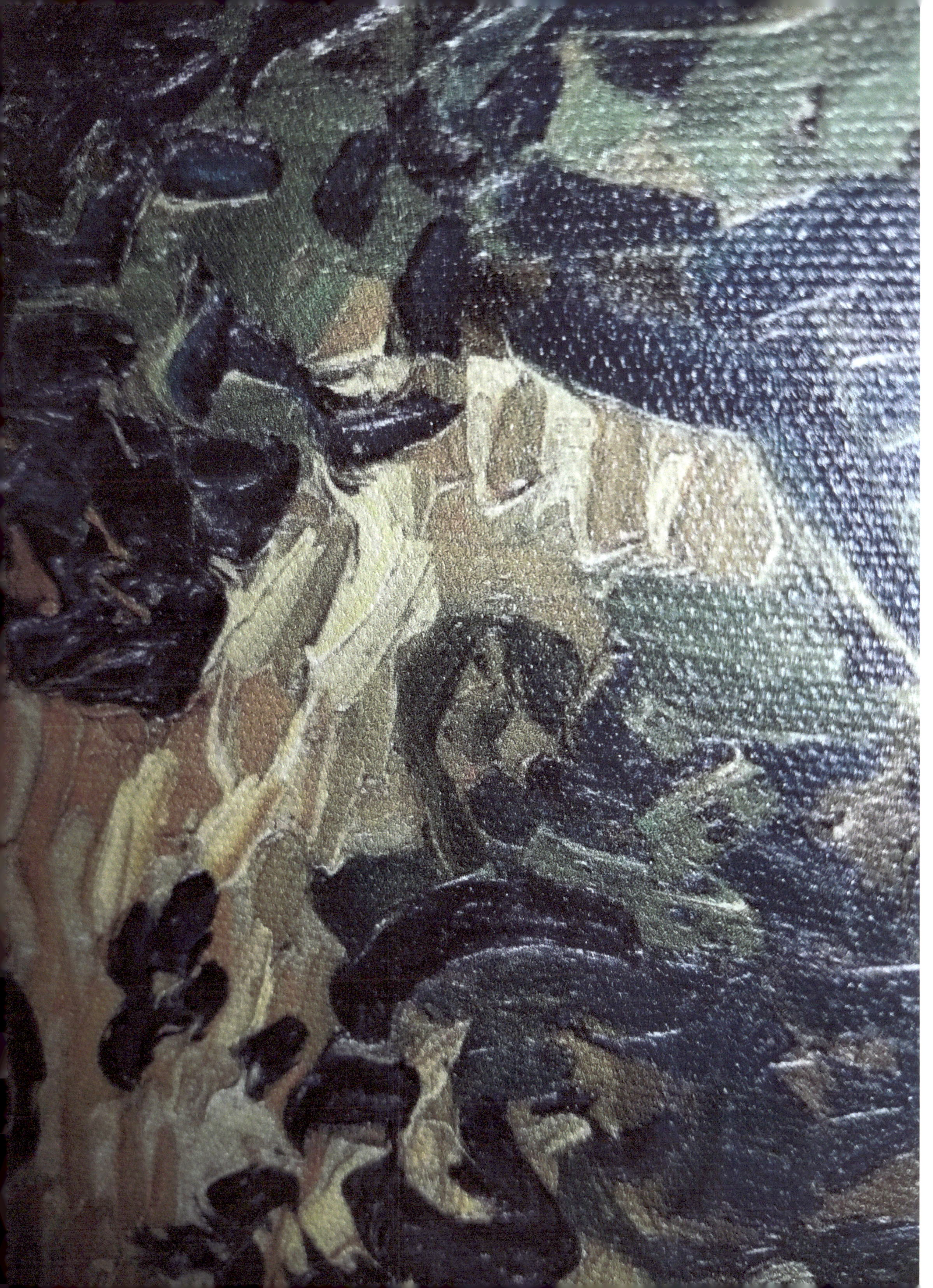

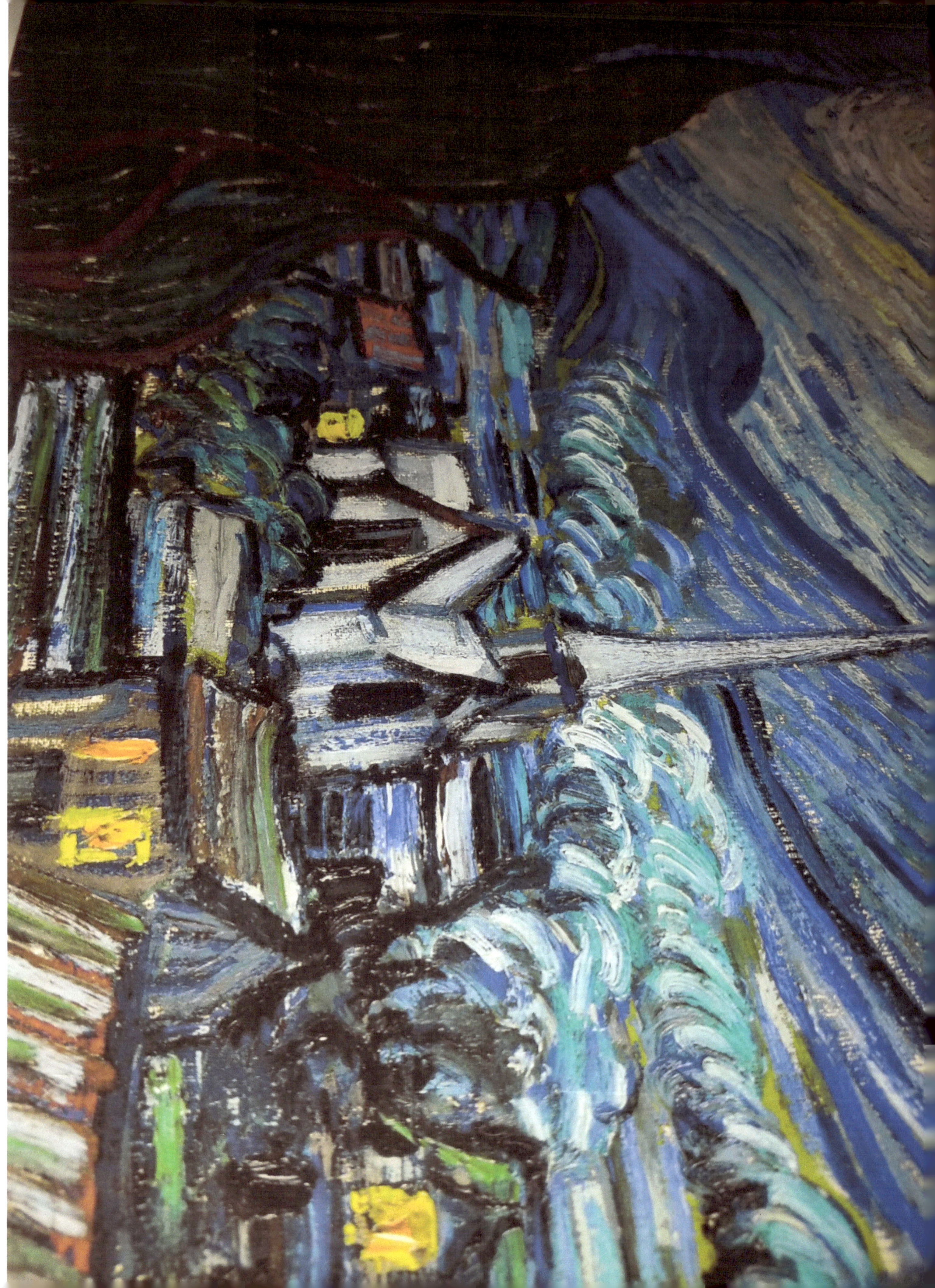

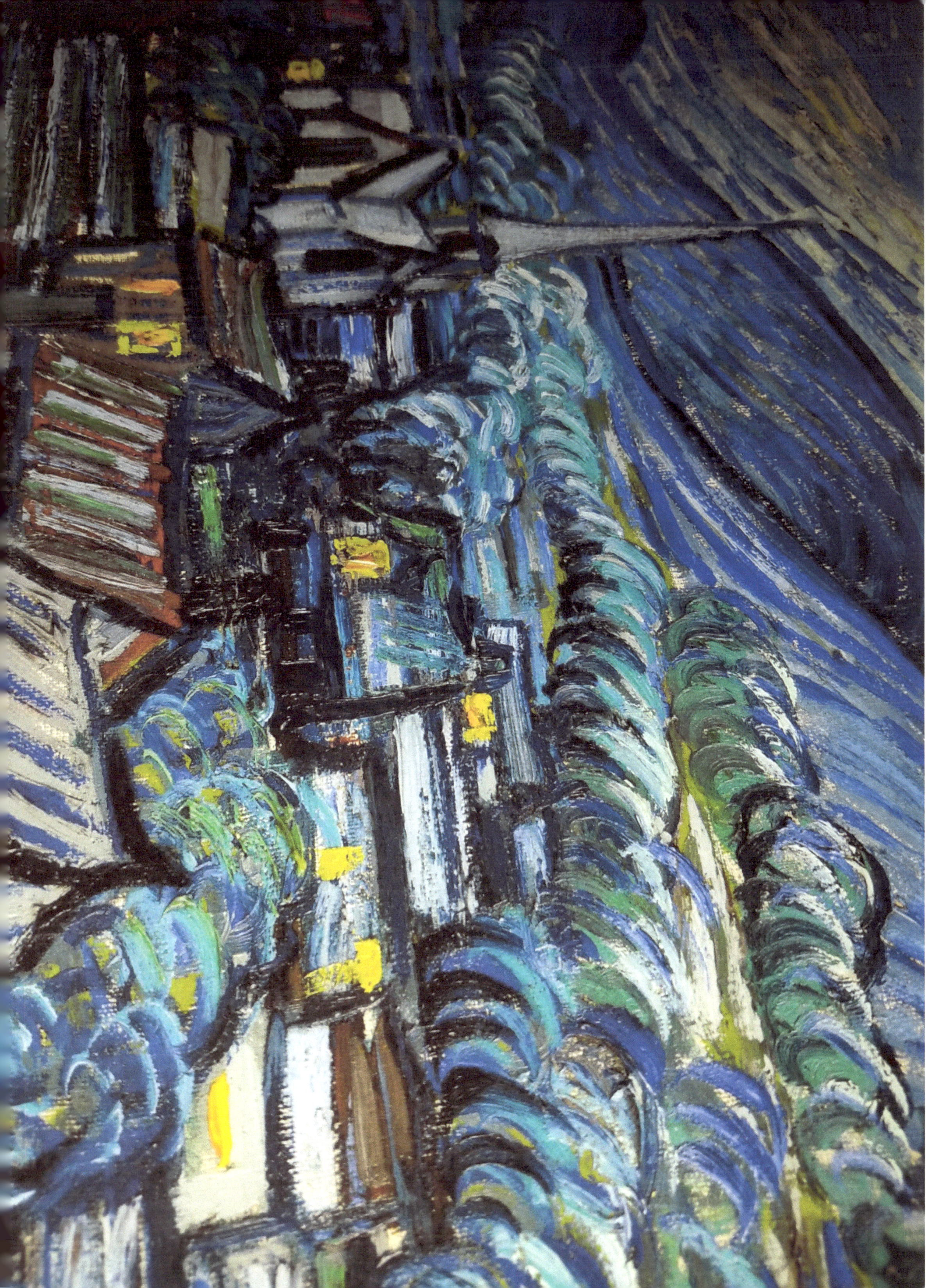

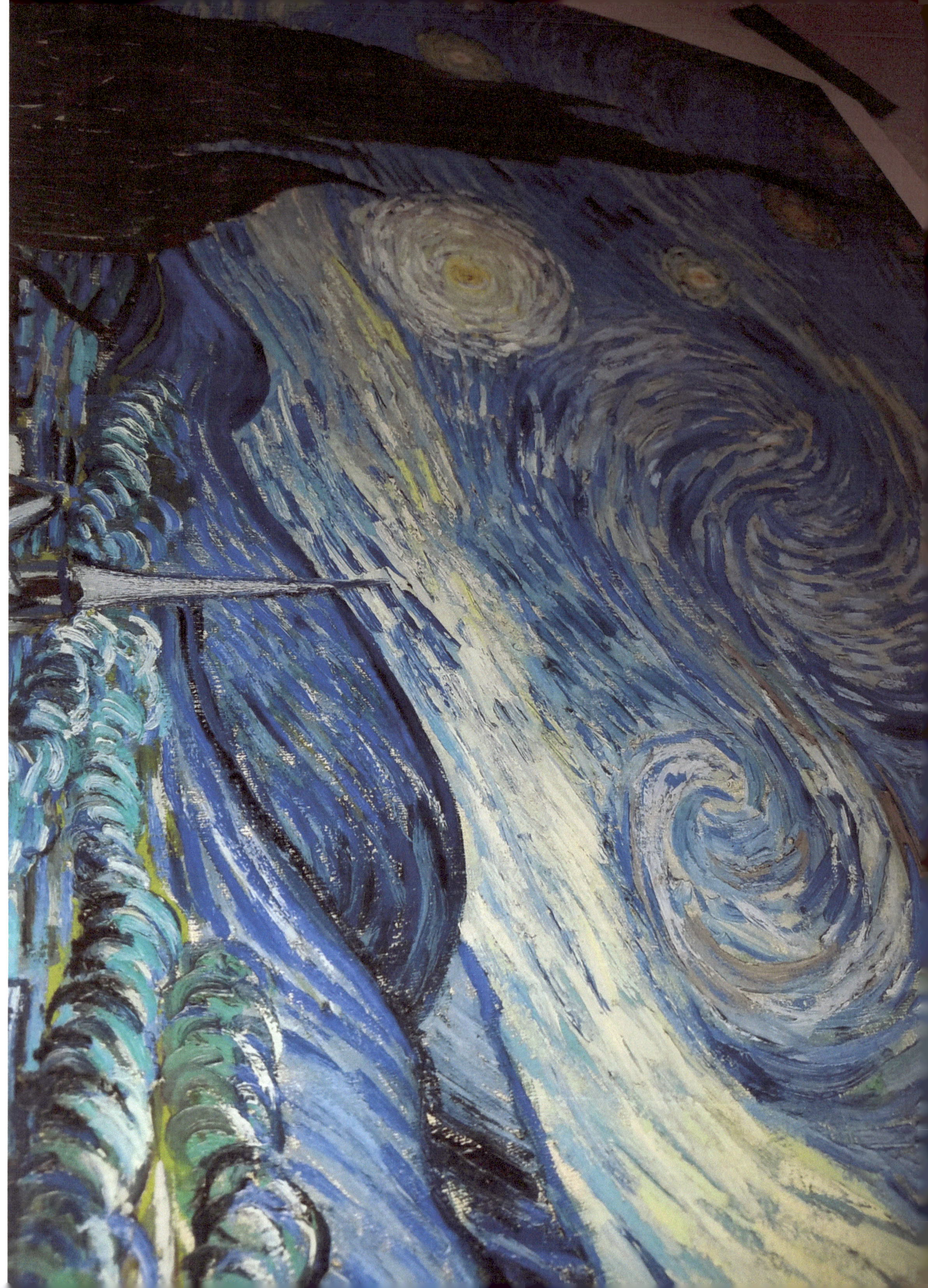

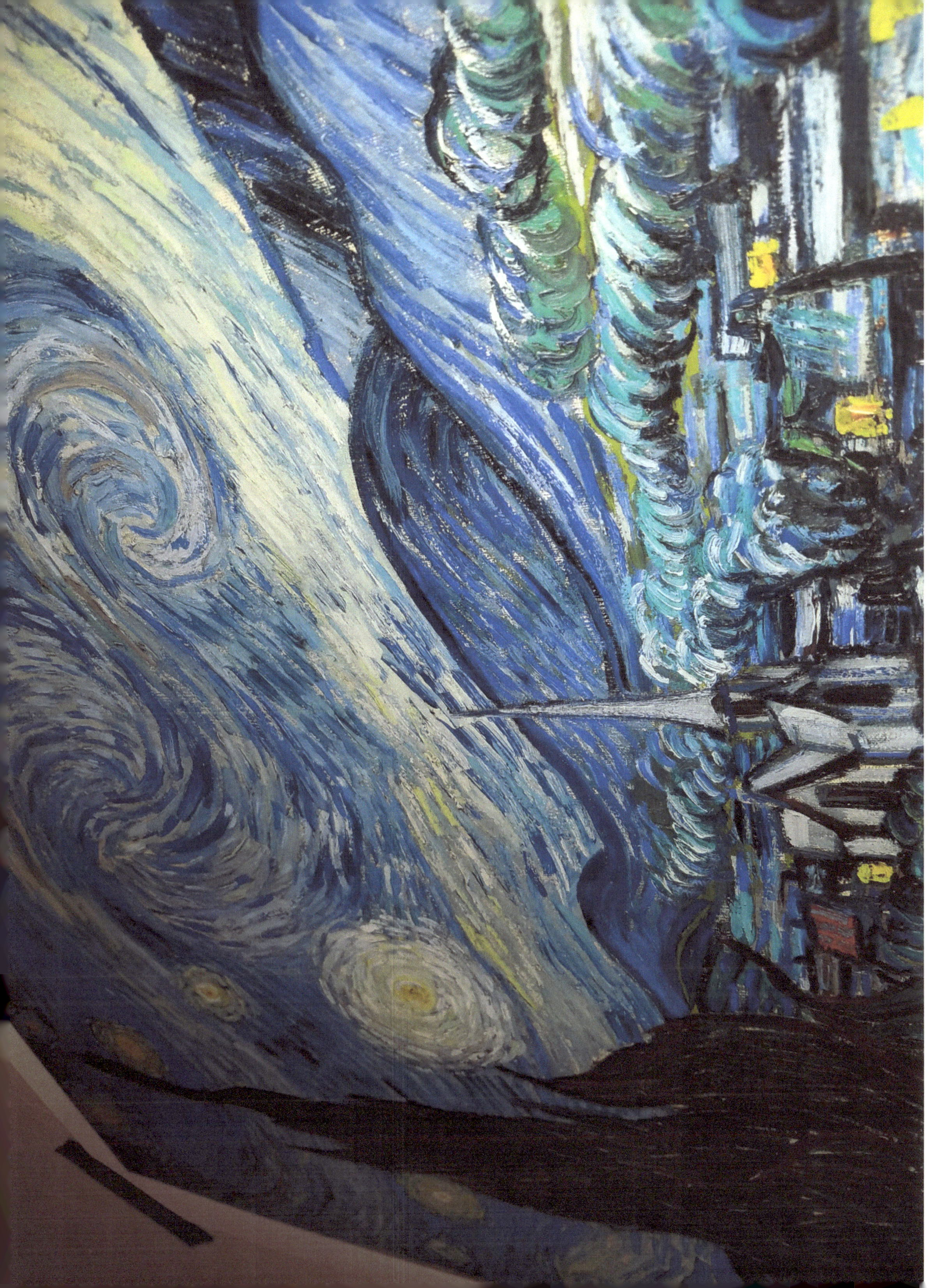

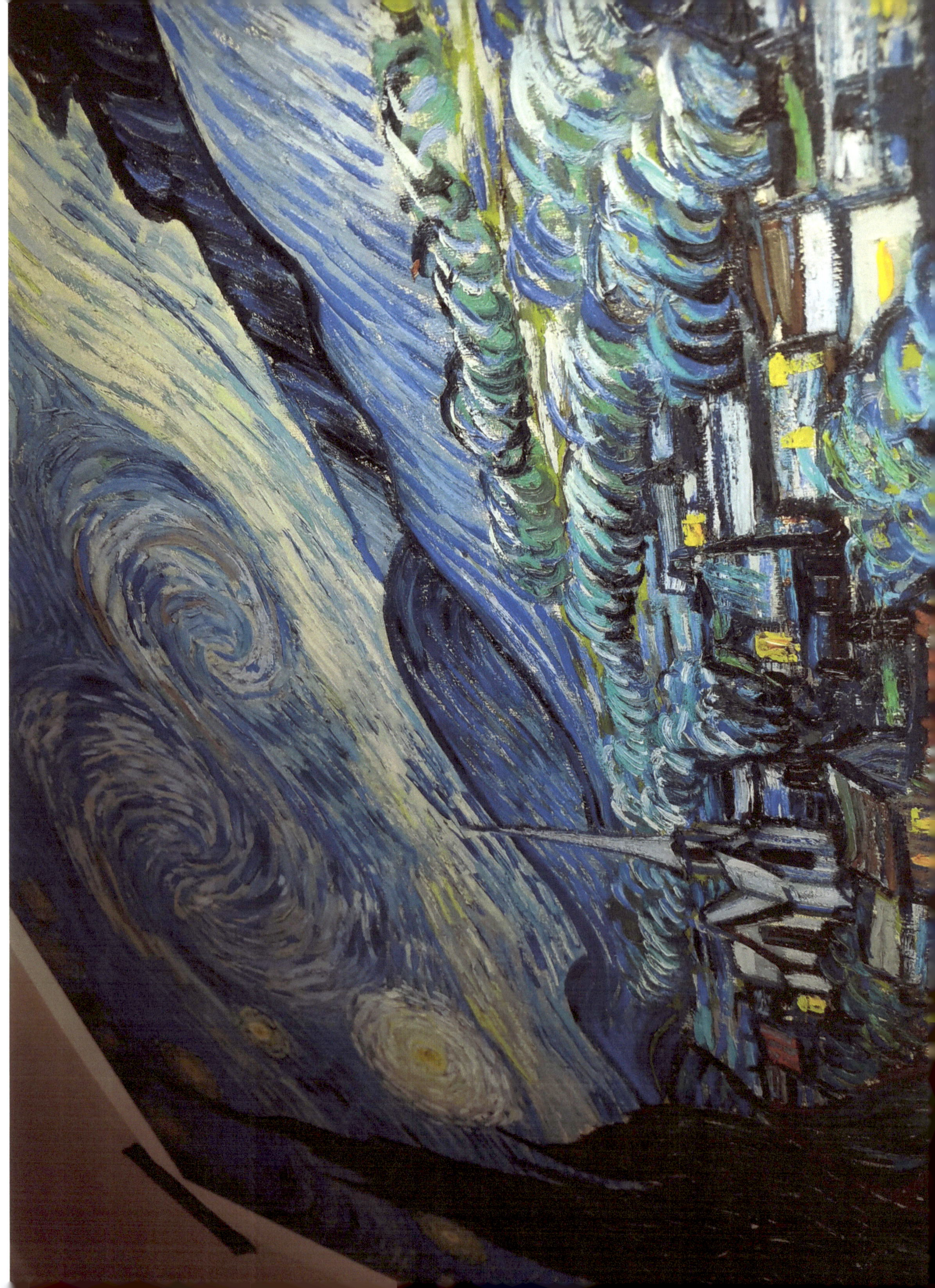

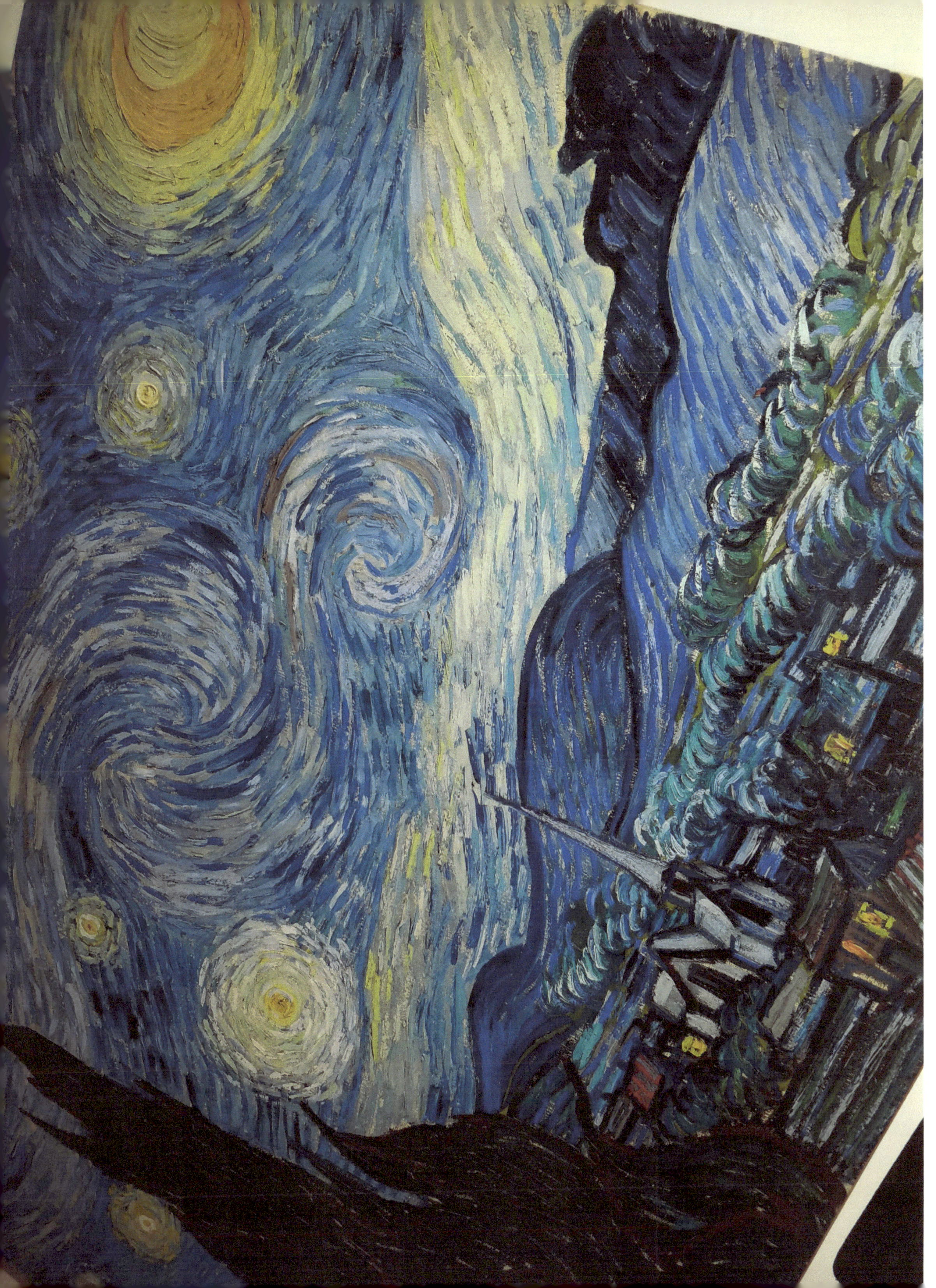

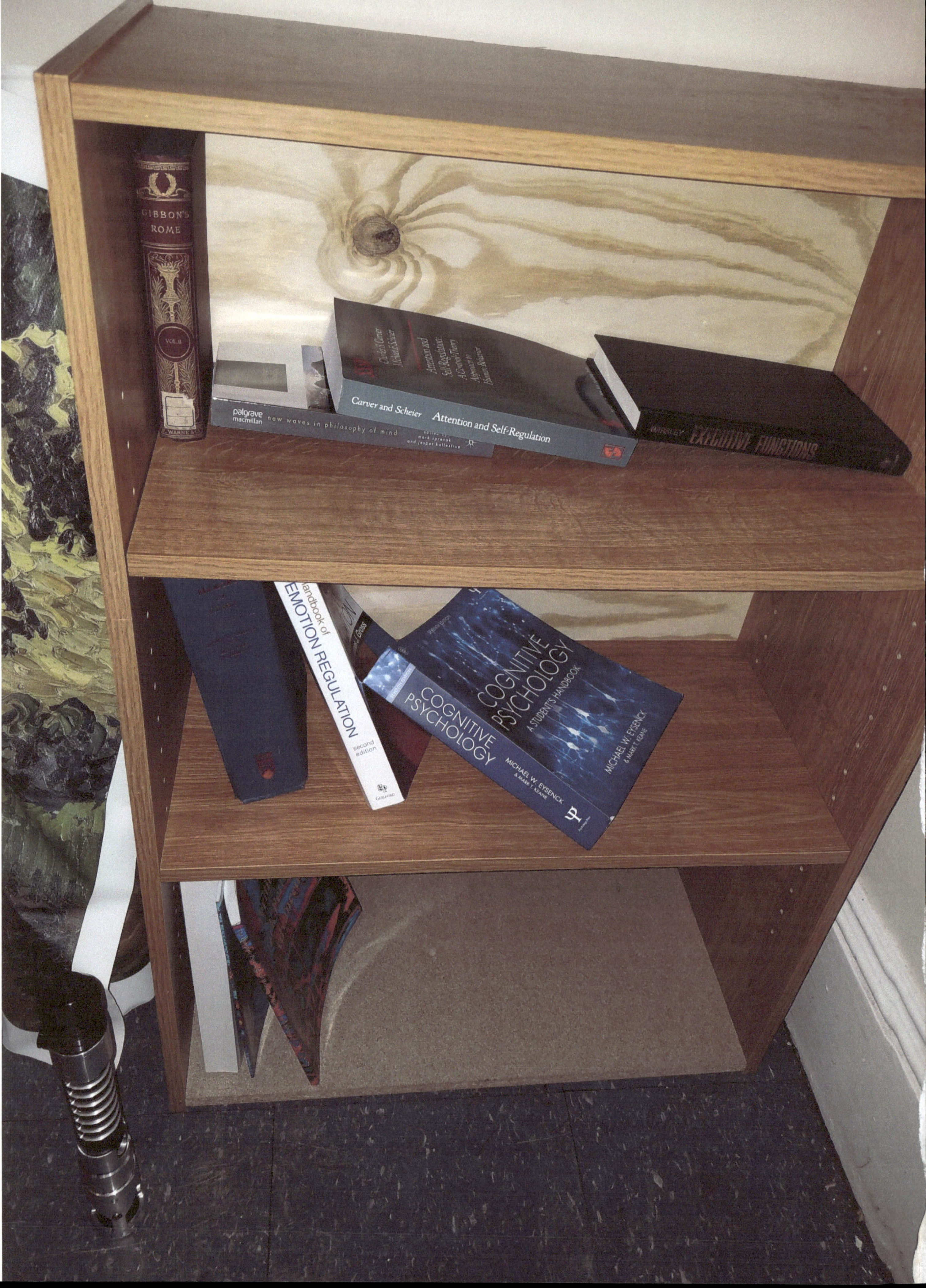